AUX PAYS DES MERVEILLES
d'André Pratte
est le huit cent treizième ouvrage
publié chez VLB éditeur.

VLB éditeur bénéficie du soutien de la Société de développement des entreprises culturelles du Québec (SODEC) pour son programme d'édition.

Gouvernement du Québec – Programme de crédit d'impôt pour l'édition de livres – Gestion SODEC.

Nous reconnaissons l'aide financière du gouvernement du Canada par l'entremise du Programme d'aide au développement de l'industrie de l'édition (PADIÉ) pour nos activités d'édition.

Nous remercions le Conseil des Arts du Canada de l'aide accordée à notre programme de publication.

AUX PAYS DES MERVEILLES

Du même auteur

Le syndrome de Pinocchio. Essai sur le mensonge en politique, Montréal, Boréal, 1997.
L'énigme Charest, Montréal, Boréal, 1998.
Les oiseaux de malheur. Essai sur les médias d'aujourd'hui, Montréal, VLB éditeur, 2000.
Le temps des girouettes. Journal d'une drôle de campagne électorale, Montréal, VLB éditeur, 2003.

André Pratte

Aux pays des merveilles

Essai sur les mythes politiques québécois

vlb éditeur

VLB ÉDITEUR
Une division du groupe Ville-Marie Littérature
1010, rue de La Gauchetière Est
Montréal (Québec) H2L 2N5
Tél.: (514) 523-1182
Téléc.: (514) 282-7530
Courriel: vml@sogides.com

Illustration de la couverture: Olivier Lasser

Catalogage avant publication de Bibliothèque et Archives Canada

Pratte, André, 1957-

    Aux pays des merveilles: essai sur les mythes politiques québécois

    Comprend des réf. bibliogr.

    ISBN 2-89005-933-2

    1. Nationalisme – Québec (Province). 2. Fédéralisme – Canada. 3. Québec (Province) – Politique et gouvernement – 2003-   . 4. Relations fédérales-provinciales (Canada) – Québec (Province). I. Titre.

FC2926.9.N3P72   2006   320.54'09714   C2005-942205-X

DISTRIBUTEURS EXCLUSIFS:

- Pour le Québec, le Canada
  et les États-Unis:
  LES MESSAGERIES ADP*
  955, rue Amherst
  Montréal (Québec) H2L 3K4
  Tél.: (514) 523-1182
  Téléc.: (450) 674-6237
  * Filiale de Sogides ltée

- Pour la Belgique et la France:
  Librairie du Québec / DNM
  30, rue Gay-Lussac
  75005 Paris
  Tél.: 01 43 54 49 02
  Téléc.: 01 43 54 39 15
  Courriel: direction@librairieduquebec.fr
  Site Internet: www.librairieduquebec.fr

- Pour la Suisse:
  TRANSAT SA
  C.P. 3625, 1211 Genève 3
  Tél.: 022 342 77 40
  Téléc.: 022 343 46 46
  Courriel: transat-diff@slatkine.com

Pour en savoir davantage sur nos publications,
visitez notre site: **www.edvlb.com**
Autres sites à visiter: www.edhexagone.com • www.edtypo.com
• www.edjour.com • www.edhomme.com • www.edutilis.com

Dépôt légal: 1er trimestre 2006
Bibliothèque nationale du Québec
Bibliothèque nationale du Canada

© VLB ÉDITEUR et André Pratte, 2006
Tous droits réservés pour tous pays
ISBN 2-89005-933-2

PROLOGUE

Mon voyage en train

« Tu ne comprends pas ! Bien des Québécois ont fait le même cheminement ! » Attablé dans un restaurant de Toronto en compagnie du journaliste Lawrence Martin, chroniqueur politique vedette au Canada anglais, je lui parlais d'un volet de sa biographie de Lucien Bouchard qui m'a frappé. Dans un passage clé, Martin se scandalise du fait que l'ancien premier ministre a, à propos de l'avenir du Québec, changé d'idée à quelques reprises. Je cite : « Même sur une question aussi fondamentale que l'existence du Canada comme pays, [Bouchard] a effectué un virage à 180 degrés. (...) Il a souvent pris position en faveur du fédéralisme, et plusieurs fois défendu la souveraineté du Québec[1]. » Dans l'esprit de Martin, il est tout simplement inconcevable qu'au sujet de l'unité du Canada une personne puisse changer d'opinion même une seule fois. Alors trois fois, comme l'a fait M. Bouchard au cours de sa vie, cela relève de la psychiatrie !

Il se trouve pourtant bon nombre de Québécois qui hésitent entre ces deux options au point de passer de l'une à l'autre selon les circonstances. Les sondages chiffrent à quelque 20 % ceux qu'on qualifie de « nationalistes mous », tentés autant par la souveraineté-association que par le fédéralisme renouvelé. En réalité, ces « indécis » sont encore plus nombreux. Étudiant l'évolution de l'opinion au sein d'échantillons de Québécois, des politologues ont remarqué que, d'un mois à l'autre, entre un quart et la moitié – un quart et la moitié ! – des personnes interrogées changeaient leur fusil d'épaule quand on leur demandait quelle option constitutionnelle elles préféraient. Ces universitaires ont conclu qu'il existait, du moins dans les mois suivant l'échec de l'accord du lac Meech, « une profonde volatilité des choix constitutionnels[2] ». Lucien Bouchard est donc, dans son vacillement et ses contradictions, représentatif de bien des Québécois. Je suis de ceux-là.

Dans la mythologie souverainiste, l'histoire de la « conversion » des héros du mouvement occupe une place particulière. On sait tout de l'évolution de la pensée de René Lévesque, le « crescendo qui le conduira à l'indépendance[3] » de 1961 à 1967. Jacques Parizeau, pour sa part, raconte avec délectation le périple ferroviaire au cours duquel il découvrit qu'il ne croyait plus au Canada : « En arrivant dans les Rocheuses, la conclusion tombe, inéluctable : au fond, le Québec deviendra peut-être un pays indépendant[4]. »

Les convertis au fédéralisme se sont toujours faits plus discrets. Cela se comprend : leur évolution est généralement qualifiée de « trahison » par ceux qui sont restés fidèles à « l'option » (comme s'il n'y en avait qu'une…). Une telle conversion, estiment les militants souverainistes, ne peut avoir pour origine que de vils intérêts – ambition, argent. On a vu une nouvelle illustration de cette attitude méprisante à l'occasion de la nomination de Michaëlle Jean au poste de gouverneur général. Et pourtant, combien de Québécois, avec les années, sont passés de la foi souverainiste à la raison fédéraliste?

Ce livre est le fruit de mon propre cheminement. Mon « voyage en train » – ma réflexion sur la place du Québec au sein du Canada – a été long et tortueux. Je n'en ai pas honte. Étant par nature peu porté vers les convictions pures et dures, ou toute forme de militantisme, j'ai beaucoup cherché, et à certains égards je cherche encore. En outre, pendant mon périple, le Canada, en particulier le Québec, a beaucoup changé.

D'aussi loin que je me souvienne, j'ai vogué dans les eaux parfois troubles du fédéralisme renouvelé. Nationaliste, j'ai été séduit par la passion de René Lévesque, et plus tard par celle de Lucien Bouchard, mais me suis toujours senti très mal à l'aise au contact d'indépendantistes plus radicaux.

Pierre Trudeau m'a marqué par son appel au dépassement, par sa conviction que le meilleur moyen pour les Canadiens francophones d'obtenir le respect qu'ils attendaient, c'était de l'imposer par leurs compétences. En même temps, j'ai détesté son mépris pour le nationalisme québécois.

Au collège Brébeuf où j'ai fait la plus grande partie de mes études au début des années 1970, j'ai défendu Robert Bourassa lors de discussions épiques avec mes camarades, dont 9 sur 10 étaient indépendantistes. Je lisais *Le Devoir* et mon admiration pour les raisonnements au scalpel de Claude Ryan allait grandissante. Cependant j'ai compris seulement récemment sa conviction selon laquelle un système fédéral était mieux à même de sauvegarder les droits des individus qu'un régime unitaire.

Comme la grande majorité des Québécois, la corruption – apparente ou réelle – du gouvernement Bourassa m'a dégoûté. À la blague, j'ai annoncé la création de mon propre parti: le PNE. Le Parti de la neutralité électorale! Observateur neutre: telle serait toujours ma posture intellectuelle préférée. Jamais atteinte, évidemment.

Peu après l'élection du Parti Québécois en 1976, emporté par le vent de changement qui soufflait, j'ai travaillé quelques mois comme bénévole au sein de ce parti. J'ai scellé des enveloppes et fait du «porte-à-porte» pour la campagne de financement alors présidée par le jeune député d'Anjou, Pierre Marc Johnson.

J'ai commencé dans le métier de journaliste en 1978. J'ai alors eu à assister à des assemblées du Parti Québécois et ai été emporté par la force des convictions, par le charisme unique de René Lévesque. Mais je ne fus pas non plus insensible au discours de Trudeau lorsqu'il mit son siège «en jeu pour avoir du changement».

En 1980, comme la grande majorité des jeunes de l'époque, j'ai voté OUI. La souveraineté-association me paraissait une forme fort souhaitable de fédéralisme renouvelé. Je me souviens m'être trouvé dans la salle des nouvelles de CKAC le soir du 20 mai 1980. À l'annonce des résultats, je ne ressentais aucune tristesse particulière. Un collègue plus âgé que j'admirais, souverainiste convaincu, était dévasté. Je ne saisissais pas : mon OUI n'avait ni le même sens ni la même profondeur que le sien.

Jeune reporter sur la colline parlementaire à Ottawa, j'ai suivi de près les négociations constitutionnelles qui ont mené au rapatriement de la Constitution. Un moment est gravé dans ma mémoire. C'était au cours de l'ultime rencontre des premiers ministres, un après-midi de novembre 1981. Après deux jours de soubresauts et de retournements, une rumeur s'est mise à circuler : il y a entente ! Une grande fébrilité s'est emparée de la gent journalistique. Plus : de la joie. Puis, une information supplémentaire : il y a entente unanime… sauf un premier ministre. Chez les journalistes québécois, tout de suite, une inquiétude s'est installée. Le Québec isolé ?

C'était bien cela. Comme tant d'autres, j'ai été blessé de voir le Canada anglophone célébrer ce moment historique dont l'Assemblée nationale du Québec n'était pas partie. Le gouvernement de René Lévesque aurait pu, alors, rallier une vaste majorité de Québécois. En relançant immédiatement la propagande souverainiste – alors que 6 Québécois sur 10 venaient de rejeter cette option –, les péquistes ont commis l'erreur de croire que la population allait tout de suite sauter de la déception à la rébellion. Cela sentait l'opportunisme, et je n'ai pas suivi.

Avec le recul, il me semble que cet événement – la fameuse « Nuit des longs couteaux » – n'a pas eu toutes les conséquences négatives qu'on annonçait à l'époque. Néanmoins, avec l'échec de l'accord du lac Meech huit ans plus tard, il marque la persistance d'un désaccord fondamental entre le Québec et les autres provinces sur la nature de ce pays. C'est un désaccord symbolique plus que pratique. La preuve en est qu'en définitive le Québec se tire fort bien d'affaire au sein du Canada ; les litiges concrets finissent toujours par se régler à la satisfaction des deux parties. Mais ce désaccord de principe ne peut être négligé et place la fédération canadienne à la merci du moindre sursaut nationaliste au Québec. Comme bien d'autres, je le dis chaque fois que j'en ai l'occasion aux Canadiens anglophones. Mais mon propos se heurte soit à un mur d'incompréhension soit à un aveu d'impuissance.

L'échec de Meech m'a profondément déçu. Le jour de la fête nationale de 1990, j'ai marché rue Sherbrooke avec des centaines de milliers de Montréalais. Mais un malaise s'est emparé de moi dès que les gens se sont mis à scander : « Le Québec aux Québécois ! » Le Québec appartient déjà aux Québécois, cela ne fait pas de doute dès qu'on y réfléchit un peu. Nous sommes maîtres chez nous, de notre présent comme de notre avenir, comme l'a exprimé brillamment à l'époque Robert Bourassa : « Le Québec est aujourd'hui et pour toujours une société distincte, libre et capable d'assumer son destin et son développement. » Et quand on dit « le Québec aux Québécois », de quels Québécois parle-t-on ?

Pour qu'une majorité de Canadiens acceptent enfin de reconnaître, dans le texte constitutionnel, la spécificité du Québec, il fallait un électrochoc. Cet électrochoc, je l'ai pensé en 1995, c'était un OUI à un référendum sur la souveraineté. Je n'aurais pas voté OUI si Lucien Bouchard n'avait pas été amené à jouer un rôle de premier plan dans la campagne de 1995 ; je ne faisais pas confiance à Jacques Parizeau pour proposer une entente au reste du Canada. C'est cette nouvelle entente, non la rupture, que je souhaitais. À l'opposé, j'avais une confiance totale (aveugle peut-être) en M. Bouchard, en qui j'ai toujours vu un fédéraliste en colère davantage qu'un souverainiste convaincu.

Le discours malheureux de Jacques Parizeau, le soir de la défaite du OUI, m'a révolté. Le surlendemain, j'écrivais dans *La Presse* :

> Plein d'espoir, j'ai voté OUI. J'étais donc déçu lundi soir. Mais en regardant ce Boris Eltsine québécois crier dans les micros en fin de soirée, ma tristesse a laissé place à une sorte de soulagement. La souveraineté du Québec est peut-être souhaitable. Mais pas tant que de dangereux personnages de ce genre dirigent le mouvement. (…)

> Réjouissons-nous que M. Parizeau ait choisi de démissionner. Mais le mal est fait; les excuses peu convaincues et l'accès tardif de dignité d'hier n'y changeront rien. À chaque détour désormais, on se posera la question : dans le fond d'eux-mêmes, combien de dirigeants du Parti Québécois pensent comme leur chef démissionnaire ?
>
> (...) Finalement, je me demande si en empêchant Jacques Parizeau et sa clique de construire le pays dont ils rêvaient, un pays pour « nous » et pas pour les autres, les Québécois ne l'ont pas échappé belle.

C'est là que ma route s'est définitivement séparée de celle des souverainistes. Un très grand nombre d'entre eux ont condamné les propos de M. Parizeau ; toutefois, la plupart reprochaient au premier ministre non pas le contenu de ses propos, mais le moment choisi pour les tenir. Au sein du Parti Québécois, en effet, on est bel et bien convaincu que la défaite du OUI en 1995 est due à l'argent (du fédéral) et à des « votes ethniques ». Ce n'est pas pour rien que malgré ce qu'il a dit ce soir-là, M. Parizeau est resté extraordinairement populaire au sein du Parti Québécois. Pas pour rien non plus que l'idée selon laquelle les souverainistes se sont fait « voler » la victoire est plus solidement ancrée que jamais.

*
* *

Au moment où j'écris ces lignes, il est probable que le Parti Québécois reprenne le pouvoir dans un avenir prochain, plus déterminé que jamais à tenir un troisième référendum sur la souveraineté. Il se peut donc fort bien que les Québécois aient encore une fois à choisir. Dans ces moments-là, on ne peut pas se réfugier dans la « neutralité », comme je le faisais à la blague dans ma jeunesse. Il faut choisir : OUI ou NON ?

Le choix est rendu particulièrement difficile du fait que les Québécois ont toujours été déchirés, non entre deux options, mais entre les multiples mythes qu'ont élaborés pour eux les intellectuels et les politiciens. Ces mythes leur font voir l'histoire du Québec comme une série ininterrompue d'échecs et de frustrations, plutôt que comme une extraordinaire réussite ; leur font miroiter un pays idéal dans l'éventualité de l'indépendance ; leur projettent une image idyllique du Canada d'aujourd'hui, qui ne les touche pas parce qu'elle ne correspond pas à ce qu'ils ressentent, aux blessures subies ; leur font imaginer un Canada renouvelé selon leurs moindres volontés, rêve qui leur a fait souvent lâcher la proie pour l'ombre.

Le grand perdant de cet échafaudage de mythes qui domine les débats politiques, c'est le pays réel, le Canada tel qu'il est pour vrai, avec ses atouts et ses faiblesses. C'est un pays dont les Québécois entendent assez peu parler depuis quelque temps. De prime abord, il ne suscite pas la même émotion que les pays idylliques qu'on fait constamment scintiller devant leurs yeux. C'est pourtant ce pays réel qui offre aux Québécois les meilleures conditions pour leur développement au sein du monde redoutable qui est en train de se construire autour d'eux. C'est ce pays réel qu'une forte majorité de Québécois choisiraient, je crois, s'ils parvenaient à se débarrasser des fantasmes qui faussent leur raisonnement.

CHAPITRE PREMIER

Le pays martyr

What does Québec want? Il serait bien triste que le Canada anglais se pose encore cette question à laquelle nous avons si souvent tenté de répondre. La réalité est encore plus désolante : désormais indifférents, convaincus qu'aucune réponse ne satisferait les Québécois, la plupart des Canadiens anglophones ne s'interrogent même plus à ce sujet. Cette situation provoque au Québec une frustration profonde et parfaitement compréhensible. Compréhensible, mais pas totalement justifiée. Car les Canadiens des autres provinces ne sont pas les seuls responsables de cet état de fait.

Les Québécois, fédéralistes comme souverainistes, ne se questionnent guère sur le bien-fondé et sur le sens de leurs exigences relatives au fédéralisme canadien. Ils sont tellement habitués à être demandeurs qu'ils ont l'impression de n'avoir rien obtenu au fil des décennies. Et pourtant le bilan à cet égard est fort positif. Si le Québec revendique toujours quelque chose du Canada, ce n'est pas qu'il n'a jamais gain de cause ; c'est plutôt que, dès qu'une victoire est enregistrée, nos représentants passent à une nouvelle exigence. Dans le grand livre des gains et pertes que tiennent les leaders politiques québécois, les requêtes satisfaites ne sont jamais consignées dans la colonne des actifs ; elles sont tout simplement effacées. Ne restent donc que les échecs, soigneusement compilés, soulignés en rouge, et les demandes restées en plan.

Que veut le Québec, aujourd'hui? Pourquoi plus de 40 % des Québécois sont-ils tellement en colère contre le Canada qu'ils songent à s'en séparer ? La réponse à ces questions est loin d'être aussi évidente qu'on ne le croit généralement. D'abord et avant tout, les Québécois veulent être reconnus. C'était le but de Meech ; c'est le grand échec moderne de la fédération canadienne. Les Québécois voudraient que le reste du pays admette solennellement leur différence. Cette reconnaissance, j'en suis convaincu, devrait être la priorité des fédéralistes canadiens et québécois qui ont à cœur l'avenir du Canada.

Cela dit, la différence québécoise, si elle n'est pas reconnue dans la Constitution, est concédée dans les faits depuis la naissance même de la Confédération. Le politologue Guy Laforest parle d'une reconnaissance « à la manière anglaise », c'est-à-dire implicite, pragmatique, qui daterait de la rédaction de l'Acte de l'Amérique du Nord britannique. Les Canadiens francophones s'y voient octroyer une entité politique propre, nommée pour la première fois Québec, à laquelle nous sommes tant attachés aujourd'hui. La particularité de cette entité est confirmée par l'attribution aux gouvernements provinciaux de la juridiction dans les matières qui, à l'époque, paraissaient essentielles à la survie de la culture canadienne-française : l'éducation, la célébration des mariages, les droits civils, l'administration de la justice, la propriété. « Peu importe ce qu'ils tentaient d'accomplir par ailleurs, fait remarquer Laforest, les Pères de la Confédération ne cherchaient clairement pas à rédiger une constitution qui allait mener à l'absorption de l'individualité du Bas-Canada[1]. » En outre, le Québec est la seule province à laquelle est accordée une deuxième chambre, le Conseil législatif, sorte de Sénat qui aux yeux des politiciens québécois de l'époque conférait au Parlement provincial un statut supérieur*. Il est vrai que la Constitution de 1982 a eu, elle, un effet uniformisant. Mais même la « constitution de Trudeau » accorde au Québec une modalité distincte en matière de

---

* Le Conseil législatif fut aboli en 1968.

droit à l'instruction dans la langue de la minorité linguistique*.

Cette reconnaissance «à l'anglaise» dont parle Guy Laforest se reflète aujourd'hui dans le fonctionnement quotidien de la fédération. En effet, dans toute une série de domaines, le Québec jouit dans les faits d'un statut particulier, notamment dans la mise en œuvre des programmes fédéraux. Contrairement à ce qu'on entend souvent, il n'y a pas de «rouleau compresseur» fédéral; le gouvernement du Québec réussit toujours, d'une manière ou d'une autre, à faire à sa tête.

Un exemple: la Prestation nationale pour enfants (PNE). Versée par le fédéral, la PNE permet aux gouvernements provinciaux de diminuer leurs versements d'aide sociale aux familles à faible revenu et d'investir dans d'autres types de programmes destinés à sortir les enfants de la pauvreté. Toutes les provinces ont accepté de participer à ce programme... sauf le Québec. Qu'a fait Ottawa? A-t-il exclu les Québécois du programme? Bien sûr que non! Ottawa verse l'argent aux familles québécoises, ce qui a permis à Québec de diminuer ses allocations familiales d'un montant équivalent pour investir plutôt dans les «garderies à 5 \$». Lorsqu'il se vante de la mise sur pied de ce programme de garderies publiques, le gouvernement du Québec prend-il la peine de mentionner la contribution financière du fédéral? Bien sûr que non!

Même chose pour les bourses du millénaire. Au Québec, tout le monde a protesté contre cette intrusion du gouvernement fédéral dans le domaine de l'aide financière aux étudiants. Après quelques mois, la Fondation des bourses du millénaire a conclu une entente avec le gouvernement du Québec. En vertu de celle-ci, la Fondation verse au

---

* L'article 59 de la loi de 1982 exempte le Québec de l'application de l'article 23(1) a), accordant le droit à l'enseignement dans la langue de la minorité linguistique d'une province à toute personne «dont la première langue apprise et encore comprise» est celle de cette minorité. Cette exemption tiendra tant que le gouvernement du Québec n'en décidera pas autrement.

gouvernement du Québec quelque 70 millions par an, ce qui permet au Québec de rendre son programme de prêts et bourses plus généreux. Voilà donc l'effet épouvantable de cette « intrusion » : un meilleur programme d'aide aux étudiants ! De plus, le fait que l'argent provienne d'une fondation, une caractéristique du programme qui avait scandalisé le gouvernement du Québec à l'époque, met ces sommes à l'abri de toute compression budgétaire, avantage que les étudiants québécois sont particulièrement en mesure d'apprécier. C'est d'ailleurs grâce à un coup de pouce de la Fondation des bourses du millénaire que Québec a pu conclure une entente satisfaisante avec le mouvement étudiant, à l'issue d'une grève de plusieurs semaines pendant l'hiver 2005. Dans sa documentation sur le régime de prêts et bourses aux étudiants, le gouvernement du Québec ne manque pas de souligner que depuis 1999, l'endettement étudiant a beaucoup baissé. Pas un mot, évidemment, sur le fait que cela est la conséquence heureuse de la mise en place du programme fédéral des bourses du millénaire[2] !

Au cours des années, presque toutes les demandes du gouvernement du Québec visant une plus grande autonomie ont abouti à une entente avec le fédéral. Avant qu'elles ne soient satisfaites, ces demandes étaient dépeintes comme absolument fondamentales, au point où la difficulté de parvenir à un accord était censée démontrer la nécessité de l'indépendance ou d'un fédéralisme renouvelé de fond en comble. Lorsque des ententes ont été conclues, les politiciens québécois se sont empressés de passer à l'exigence suivante, lui attribuant la même valeur cruciale. Québec voulait être responsable du choix et de l'intégration des immigrants sur son territoire ; Ottawa a acquiescé et accordé au gouvernement québécois une compensation financière dont tous conviennent aujourd'hui qu'elle est fort généreuse. Québec voulait avoir le contrôle de la formation de la main-d'œuvre ; Ottawa a accepté (sous le règne du terrible centralisateur qu'était Jean Chrétien…). Le Québec ne voulait rien savoir d'un Conseil national de la santé ; Ottawa a créé le Conseil en acceptant sans mot dire (encore sous Chrétien...) que le Québec n'en soit pas membre, mais se contente d'échanger de l'information avec le nouvel organisme. Québec exigeait de rapatrier une partie de l'assurance-emploi pour pouvoir mettre sur pied un programme de congés parentaux ; une entente en ce sens a été conclue.

Cette reconnaissance de fait ne satisfait évidemment pas la soif cartésienne des Québécois de voir le tout confirmé dans la Constitution. J'en suis. Mais je n'oublie pas non plus que la réalité, même si elle n'est pas « nommée », a souvent plus de valeur que les déclarations de principe. D'autres nations, explicitement reconnues dans les textes constitutionnels, sont loin de disposer d'outils de développement aussi importants que ceux qu'ont en main les Québécois, eux qui jouissent d'un gouvernement autonome et puissant, en plus d'exercer une influence notable au sein des institutions centrales[3].

Aujourd'hui, c'est le déséquilibre fiscal qui est au cœur des revendications du Québec. Lorsque ce problème-là aura été réglé, par l'évolution de la conjoncture économique ou par les décisions des politiciens, les souverainistes trouveront un autre motif de colère contre le gouvernement fédéral. Et les leaders fédéralistes québécois suivront, craignant que tout autre discours ne provoque une remise en question de leur fidélité au Québec.

Le mythe de la centralisation

Selon la perception québécoise, l'histoire du Canada se résume à une longue marche vers une centralisation accrue des pouvoirs à Ottawa. Le pauvre gouvernement du Québec est graduellement réduit à l'état d'eunuque. Or, l'histoire canadienne, comme c'est naturel dans tout régime fédéral, est celle de tensions constantes entre les deux paliers de gouvernement. En 1887, vingt ans à peine après la Confédération, le premier ministre du Québec, Honoré Mercier, convoqua une première conférence des premiers ministres provinciaux.

Deux sujets étaient à l'ordre du jour : la Constitution et... le niveau insuffisant des subventions du fédéral aux provinces. Autrement dit, le déséquilibre fiscal de l'époque !

Résultat de ces tensions constantes : il y eut des décennies où le vent soufflait à l'avantage des provinces, d'autres où l'avantage alla au fédéral. Si John A. Macdonald espérait et si le leader des Rouges Antoine-Aimé Dorion craignait que les gouvernements provinciaux ne soient rien d'autre que des conseils de village, ils se sont tous deux lourdement trompés. Les provinces sont devenues de puissants États, entretenant même des relations internationales, ce qui aurait certainement scandalisé M. Macdonald. L'Acte de l'Amérique du Nord britannique accordait au gouvernement fédéral des pouvoirs qui, aux yeux des constitutionnalistes, représentent des « accrocs aux principes mêmes du fédéralisme[4] », puisqu'ils permettaient à Ottawa de désavouer une loi provinciale (pouvoir de désaveu) ou de légiférer unilatéralement dans un champ de compétence provinciale (pouvoir déclaratoire, pouvoir d'urgence). L'histoire révèle cependant qu'à mesure que croissait la puissance politique du palier provincial, ces pouvoirs furent de moins en moins souvent utilisés. Le pouvoir de désaveu est même considéré comme caduc par la Cour suprême. Lorsque des éléments de la communauté anglophone du Québec ont pressé le premier ministre du Canada de désavouer la loi 22 (en 1975), puis la loi 101 (en 1976), Pierre Trudeau a refusé en expliquant que le pouvoir de désaveu est « une exception au principe général qui veut que les parlements fédéral et provinciaux soient autonomes dans leurs champs de compétence législative respectifs et endossent la responsabilité pleine et entière des mesures qu'ils ratifient[5] ». Cela dit par « Monsieur Centralisation » lui-même ! Enfin, dans les différents projets de réforme constitutionnelle proposés au cours des années (qu'ont combattus les plus farouches défenseurs de l'autonomie du Québec), le fédéral acceptait d'abandonner ou de circonscrire ces prérogatives.

Le texte de la Constitution, rédigé en 1867 et modernisé en 1982, porte certainement les marques des velléités centralisatrices de Macdonald et de Trudeau. Contrairement à ce que l'on trouve dans d'autres fédérations, le gouvernement fédéral a le contrôle total des institutions nationales, dont la Cour suprême, ultime arbitre des litiges constitutionnels. La possibilité, la tentation centripètes sont et seront toujours là. Mais la réalité politique en a décidé autrement. Les constitutionnalistes de renom Henri Brun et Guy Tremblay soutiennent que la décentralisation « ne subsiste que par la tolérance du pouvoir central. (…) Son pouvoir déclaratoire, sa prédominance fiscale et son pouvoir de dépenser, en particulier, peuvent lui permettre de tout centraliser. Qu'il ne le fasse pas présentement, par prudence politique, ne change rien à l'affaire[6] ». Justement, cette « prudence politique » est révélatrice. Une centralisation excessive ne s'est pas produite parce que les Canadiens s'opposeraient fermement à une telle évolution. En effet, la grande majorité des Canadiens, s'ils veulent un gouvernement central efficace, tiennent aussi à ce que leur identité et leurs intérêts soient défendus par un gouvernement régional fort. Quoi qu'on en pense parfois au Québec, la culture politique du Canada est profondément et authentiquement fédérale.

La Cour suprême (et avant elle le Conseil privé), dont on dit depuis Duplessis que, « comme la tour de Pise, elle penche toujours du même bord », a pourtant rendu des jugements fort équilibrés, notamment dans des domaines chers au Québec. En matière linguistique, elle a affirmé la situation particulière du Québec, ouvrant la voie à une interprétation différente de la Charte des droits au Québec, ce que la « société distincte » de l'accord du lac Meech était censée faire : « Sans jamais pour autant utiliser le terme "asymétrie", [la Cour suprême] a reconnu que la mise en œuvre des droits linguistiques garantis par la Constitution pouvait varier d'une province ou d'un territoire à l'autre[7]. » La preuve ultime en est que les souverainistes trouvent aujourd'hui avantage à citer le jugement de la Cour sur une éventuelle sécession ! Et pour cause : il ne doit pas y avoir beaucoup de pays où le plus haut tribunal conclut non seulement à la légitimité d'un vote clair en faveur de la séparation d'une de ses composantes, mais à l'obligation du reste du pays de reconnaître ce résultat et de négocier les modalités de la sécession.

On sait (ou on devrait savoir...) que le Canada est aujourd'hui, dans les faits sinon dans les textes légaux, une des fédérations les moins centralisées du monde. Le gouvernement canadien accapare en effet une part plus modeste des revenus publics que la grande majorité des gouvernements fédéraux: autour de 50%, contre 69% en Australie, 67% aux États-Unis et 65% en Allemagne[8]. Depuis la forte centralisation des revenus rendue nécessaire par l'effort de guerre au milieu du XXe siècle, les provinces ont graduellement réoccupé le terrain fiscal. Ainsi, comme le montrent les graphiques des pages 24 et 25, la part des provinces dans les revenus gouvernementaux prélevés auprès de la population canadienne n'a cessé de croître à compter de 1950, pour se stabiliser autour de la moitié à compter de 1978. La tendance est similaire au chapitre des dépenses publiques, sauf que la part des provinces continue d'augmenter aujourd'hui. On cherche en vain, dans ces données, le moindre indice du « rouleau compresseur fédéral ».

Le politologue devenu politicien Stéphane Dion a brillamment démoli le mythe de la centralisation. N'eût été son ton cassant, il aurait peut-être convaincu plus de gens. Quand on relit aujourd'hui, à froid, certains de ses textes, on est à même de constater la qualité de la démonstration. Les souverainistes ne sont d'ailleurs jamais parvenus à l'attaquer efficacement.

Dans un système fédéral idéal, les compétences des deux paliers de gouvernement sont soigneusement définies et respectées. Mais la réalité est trop mouvante et complexe pour que cet idéal soit jamais atteint. Les choses ont tellement changé depuis la rédaction de l'Acte de l'Amérique du Nord britannique, et même depuis la Constitution de 1982, qu'on ne peut s'attendre à ce que les listes de compétences inscrites aux articles 91 et 92 soient parfaitement ajustées à la vie moderne. Les zones floues, et donc les empiètements, dans un sens comme dans l'autre, sont inévitables. Il faut en évaluer les effets non pas en fonction de la théorie constitutionnelle, mais par rapport au bien-être collectif. Or, de ce point de vue, le bilan est loin d'être négatif. Le fait que deux gouvernements soient présents dans un même champ permet souvent au citoyen de bénéficier de meilleurs services, dans la mesure où chaque gouvernement apporte une approche différente. On l'a vu au siècle dernier, alors que le gouvernement fédéral a lancé les grands programmes sociaux dont nous profitons aujourd'hui, notamment l'assurance-maladie et l'assurance-emploi. On l'a vu plus récemment avec les programmes des bourses du millénaire et de la Prestation nationale pour enfants dont je parlais plus haut : en définitive, ce que l'on perd en netteté constitutionnelle se traduit parfois par des gains pour les citoyens !

Cela dit, il ne fait pas de doute que, depuis le rétablissement de sa situation financière, le gouvernement fédéral tend à se mêler de champs de compétence provinciale : santé, éducation, petite enfance. De tels empiètements peuvent avoir des effets néfastes, dans la mesure où ils brouillent l'imputabilité et rendent la gestion publique moins efficace. Les politiciens provinciaux ont raison d'être vigilants.

L'évaluation objective des effets du fédéralisme sur les services aux citoyens n'est jamais faite au Québec puisqu'on y tient pour acquis que le gouvernement du Québec devrait avoir plus de pouvoirs. Est-ce parce que le gouvernement québécois a fait preuve d'une extraordinaire compétence dans les domaines qu'il gère ? Certainement pas. On n'a qu'à constater le désordre permanent qui règne dans le système d'éducation, aux prises avec les fantasmes réformistes des pédagogues de l'État. Alors, pourquoi les Québécois réclament-ils toujours plus de pouvoirs pour leur gouvernement provincial ? Parce qu'ils font passer par là leur exigence de reconnaissance. Le Canada refusant de souligner la différence québécoise dans le texte de la Constitution, on lui demande de la reconnaître en accordant au gouvernement du Québec plus de pouvoirs qu'aux autres gouvernements provinciaux. Car c'est bien de cela qu'il s'agit : les Québécois ne se sont jamais

Part des revenus autonomes fédéraux et provinciaux dans le total des revenus autonomes gouvernementaux

Revenus autonomes fédéraux

Revenus autonomes provinciaux

Transferts fédéraux en espèces en % des revenus autonomes fédéraux

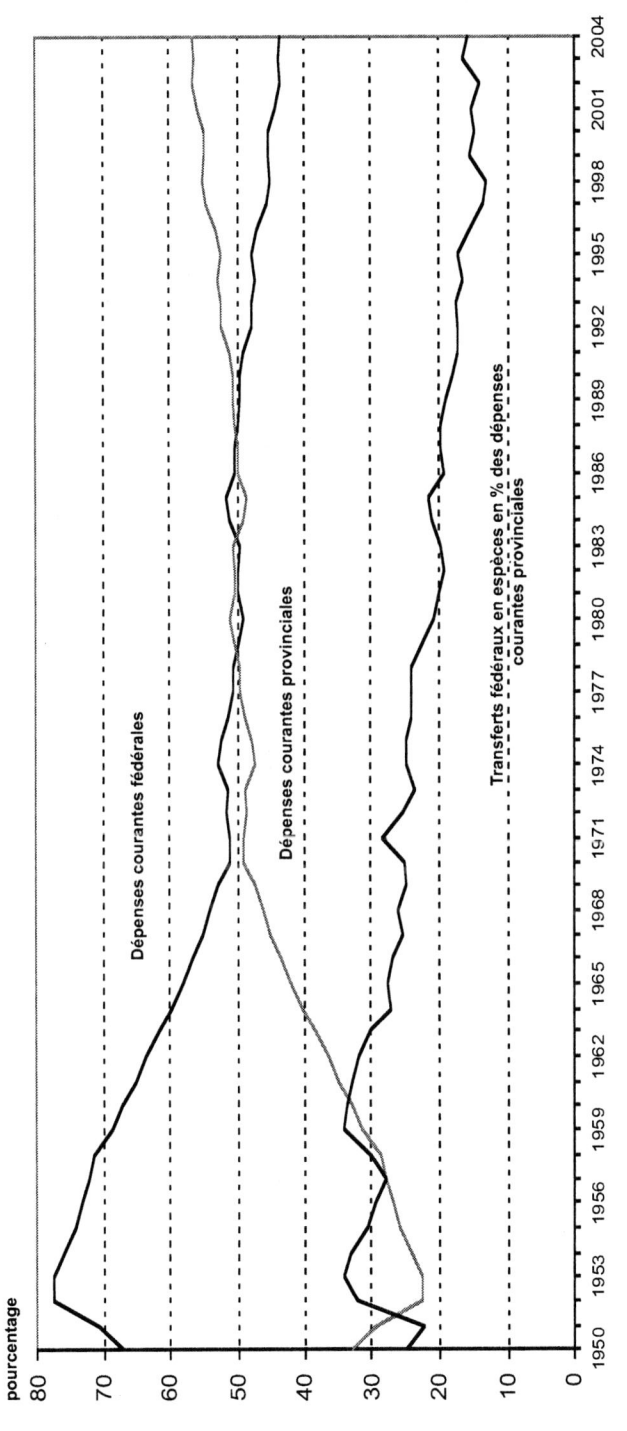

contentés d'une décentralisation en faveur de *toutes* les provinces. Ils veulent que « leur » gouvernement obtienne quelque chose de spécial. Le lien entre la soif de reconnaissance et l'exigence de pouvoirs est apparu comme jamais après l'échec de l'accord du lac Meech : la ferveur nationaliste s'est alors exprimée, chez les fédéralistes, par la rédaction du rapport Allaire, rapport qui demandait le transfert vers Québec d'une longue série de compétences. Cette requête ne s'appuyait pas sur une étude des besoins des citoyens ; il s'agissait plutôt de faire comprendre au Canada anglais combien nous étions en colère. Réclamer 22 pouvoirs, cela exprimait toute l'ampleur de notre mécontentement !

Le mythe de la victime

Outre sa personnalité peu attachante, Stéphane Dion a eu beaucoup de mal à se faire entendre parce que son interprétation des faits constitutionnels va à l'encontre d'un mythe autrement plus puissant que celui, somme toute abstrait, de la centralisation : le mythe du Québec comme victime. Selon la perception qu'ont les Québécois, souverainistes comme fédéralistes, de l'histoire des relations fédérales-provinciales, Ottawa et le Canada anglais ont tous les torts, et le Québec subit tant bien que mal les conséquences de leur action. La réalité, évidemment, est beaucoup plus nuancée. Le Canada anglais a commis nombre d'erreurs, nous les connaissons bien ; mais le Québec aussi.

Ainsi, nous avons tiré de l'épisode du lac Meech la conclusion qu'il était impossible de réformer la Constitution dans le sens des intérêts du Québec, que le Canada anglais avait une fois pour toutes dit non aux revendications québécoises. Pourtant, au cours des dernières décennies, c'est souvent le Québec qui a rejeté les propositions faites de bonne foi par le reste du Canada, parfois dans des circonstances qui ne nous honorent pas.

En 1964, tous les premiers ministres du pays s'étaient entendus pour rapatrier la Constitution au Canada et avaient convenu d'une formule d'amendement. En vertu de la formule dite Fulton-Favreau, le Québec, comme toutes les autres provinces, aurait joui d'un droit de veto sur tout changement à la Constitution affectant les pouvoirs du palier provincial. Jean Lesage s'engagea à faire voter la formule à l'Assemblée nationale. Mais un vent d'opposition se leva, mené par les intellectuels nationalistes et par l'Union nationale : on estimait que la formule empêcherait à l'avenir le gouvernement du Québec d'obtenir davantage de pouvoirs. Les nationalistes employèrent alors l'arsenal verbal qui nous est depuis devenu si familier : carcan, avenir bloqué, etc.

Après avoir combattu cette tornade du mieux qu'il pouvait, le premier ministre dut reculer et revenir sur la parole donnée à ses homologues. À ce moment-là, les assemblées législatives des neuf autres provinces avaient déjà approuvé la formule Fulton-Favreau. « À n'en pas douter, ces provinces n'auraient pas sollicité l'approbation de leurs législatures respectives et donné leur consentement officiel à la formule, si elles n'avaient pas partagé le sentiment de confiance que j'éprouvais moi-même que le gouvernement du Québec poserait le même geste », écrit le premier ministre canadien de l'époque, Lester Pearson, à son homologue du Québec. On imagine la colère et la déception au Canada anglais. Alors conseiller de M. Lesage, l'ancien ministre péquiste Claude Morin constate : « Au niveau des gouvernements provinciaux, on retint l'impression qu'en matière constitutionnelle, il fallait se méfier de la parole donnée par le Québec. » Et Morin poursuit : « Cette impression devint certitude quand, en juin 1971, sous Robert Bourassa, le Québec rejeta la charte de Victoria, à laquelle, là aussi, on avait fini par croire qu'il adhérerait[9]. »

M. Bourassa avait-il, oui ou non, donné son accord à l'entente conclue par les premiers ministres canadien et provinciaux ? Les premiers ministres présents avaient tous compris que oui. Claude Morin également : « Quand on s'apprête à rejeter globalement un document, on ne passe pas des heures à le corriger dans le but de l'améliorer et le rendre plus appétissant pour ses concitoyens[10]. » Mais le scénario de

Fulton-Favreau se répéta. Rentré au Québec, le premier ministre fit face à un tollé venant non seulement des indépendantistes, mais des rangs libéraux, à commencer par Claude Castonguay, de même que de fédéralistes aussi convaincus que Claude Ryan. Tout ce beau monde estimait que, malgré les gains qu'elle comportait – droit de veto sur tout amendement constitutionnel, présence garantie de trois juges québécois à la Cour suprême, le français reconnu comme langue officielle au Nouveau-Brunswick, en Ontario et à Terre-Neuve –, la charte de Victoria comportait le grave défaut de ne pas consentir au gouvernement québécois une compétence prioritaire sur les politiques sociales. Bourassa, comme Lesage avant lui, dut renier sa parole et reculer. D'où ce commentaire de Claude Morin : « Toutefois la suite me tracassait. Un rejet québécois de la charte décevrait tellement les autres gouvernements qu'ils ne se réengageraient pas de sitôt dans une nouvelle ronde constitutionnelle. Tout cet exercice de trois ans et demi n'aurait servi à rien et se terminerait sans aucun gain ni actuel ni prévisible pour le Québec. Sinon une perte de confiance en sa fiabilité[11]. »

À la recherche de l'entente parfaite du strict point de vue du Québec plutôt que d'une solution de compromis – le compromis étant l'essence même de toute association entre états, qu'ils soient souverains ou fédérés –, les nationalistes québécois, fédéralistes comme souverainistes, venaient de couler deux ententes qui auraient rapporté des gains au Québec et à l'ensemble du Canada. Ils venaient surtout d'engendrer la méfiance parmi leurs partenaires canadiens. Cette méfiance n'est certainement pas étrangère aux événements qui se produisirent dix ans plus tard.

Aucun épisode n'est plus typique du mythe québécois de la victime que celui de la « Nuit des longs couteaux », qui a vu, en novembre 1981, le gouvernement fédéral et celui des provinces anglophones conclure une entente sur le rapatriement de la Constitution malgré le désaccord du gouvernement du Québec. Je l'ai dit plus haut, je fus profondément blessé par l'exclusion du gouvernement québécois de cette entente. Ce fut, à mon avis, une grave erreur des libéraux fédéraux. Le gouvernement Trudeau et ses alliés provinciaux ont alors sciemment négligé la légitimité du gouvernement Lévesque sous prétexte que ce gouvernement était indépendantiste, et donc peu enclin à rechercher une entente constitutionnelle. Or, cette attitude était en soi inacceptable, car le gouvernement péquiste venait tout juste d'être réélu. Il représentait bel et bien les intérêts du Québec (il n'appartenait certainement pas aux politiciens fédéraux ou à ceux des autres provinces de contester le choix démocratique des électeurs québécois!) et, comme tel, ne devait pas être exclu des négociations finales. Il ne pouvait tout simplement pas y avoir d'entente, et de nouvelle constitution au Canada, sans l'accord du gouvernement dans lequel les Québécois avaient peu de temps auparavant renouvelé leur confiance.

Toutefois, on ne peut comprendre l'attitude du reste du Canada sans se souvenir des épisodes de Fulton-Favreau et de Victoria. Compte tenu des expériences passées, le premier ministre Trudeau allait-il se fendre en quatre pour obtenir l'accord du gouvernement souverainiste du Québec, sachant que de toute façon René Lévesque, retourné au Québec, devrait comme Lesage et Bourassa avant lui plier devant le tsunami nationaliste (les réticences des Parizeau et Landry, notamment, étaient révélatrices à cet égard)? Il faut aussi reconnaître que le premier ministre québécois de l'époque, René Lévesque, a singulièrement mal joué ses cartes. L'abandon du droit de veto contre le droit de retrait avec compensation financière, lors de la formation de la « bande des huit », fut une gaffe monumentale. Dans une perspective souverainiste, c'était sans doute une bonne chose, puisqu'un tel système aurait permis au gouvernement du Québec de s'extraire graduellement du régime fédéral. Mais alors que les Québécois venaient de confirmer leur adhésion au fédéralisme, l'abandon du veto signifiait celui du statut particulier du Québec comme partenaire canadien, et ouvrait la porte au compromis à dix finalement conclu. Laisser tomber le droit de veto, c'était cesser d'exiger une reconnaissance formelle de la nation québécoise à l'intérieur du cadre canadien.

Durant la conférence, M. Lévesque a lui-même fragilisé l'alliance des huit provinces en acceptant sur-le-champ, sans consulter ses homologues, et à la grande surprise de sa propre délégation, la proposition de Trudeau en faveur d'un référendum sur la charte des droits proposée. Il offrait ainsi un prétexte rêvé à ses alliés, qui se méfiaient naturellement d'un premier ministre indépendantiste. Enfin, et surtout, pourquoi diable M. Lévesque et ses conseillers se sont-ils retranchés à Hull pour la soirée et la nuit, sans garder contact avec les autres délégations? Pouvaient-ils sérieusement croire qu'il ne se passerait rien au Château Laurier entre la fin des discussions jeudi après-midi et la reprise officielle le lendemain matin? S'ils tenaient vraiment à la conclusion d'une entente, n'auraient-ils pas dû jouer un rôle actif, multipliant les coups de fil et prenant l'initiative de rencontres? Au contraire, les représentants du gouvernement du Québec ont fait la fête à l'Auberge de la Chaudière. De toute évidence, à leurs yeux, l'échec appréhendé de la conférence des premiers ministres n'était pas un drame. Sans doute, même, s'en réjouissaient-ils. Tandis que, pour le gouvernement fédéral et pour les autres premiers ministres, il fallait à tout prix arriver à un accord. Ainsi, comme à l'époque de Cartier et de Dorion, nos leaders nationalistes se plaçaient en retrait de l'histoire, de leur côté de la rivière, tandis que d'autres Québécois s'alliaient aux Canadiens anglais pour façonner le Canada. M. Lévesque eut ensuite beau jeu de dénoncer la « magouille constitutionnelle ». Après des entretiens privés avec des membres de la délégation québécoise, les biographes de Pierre Trudeau écrivent : « Au point où en étaient les choses, il valait sans doute mieux pour [Lévesque] de ne pas participer aux marchandages, se laisser mettre hors jeu, être l'homme seul, adopter la position, si québécoise, de celui qui a été trahi, lors de ce qu'on n'allait pas tarder à appeler la "Nuit des longs couteaux", que de lutter en vain contre l'inéluctable désagrégation de la "bande des huit"[12]. » De cet épisode, le Québec fut certainement victime. Mais la victime ne fut-elle pas consentante?

Faisons un bond de quinze ans. En septembre 1997, les premiers ministres de toutes les provinces ont tendu la main au Québec en adoptant la « déclaration de Calgary ». Celle-ci reprenait l'essentiel de l'énoncé de principes de l'accord du lac Meech, affirmant que « le caractère unique de la société québécoise, constitué notamment de sa majorité francophone, de sa culture et de sa tradition de droit civil, est fondamental pour le bien-être du Canada. Par conséquent, l'assemblée législative et le gouvernement du Québec ont le rôle de protéger le caractère unique de la société québécoise au sein du Canada et d'en favoriser l'épanouissement ». Il y avait là, alors que l'enthousiasme pour le « plan B » était à son apogée au Canada anglais, une manifestation spectaculaire de bonne volonté. C'était en tout cas une base pour effacer l'échec de Meech, pour mettre de côté la frayeur du référendum de 1995, et pour relancer les discussions. Alors premier ministre, Lucien Bouchard a balayé le tout avec mépris: « Les premiers ministres du Canada anglais ont fouillé dans tous les dictionnaires pour trouver les mots les plus anodins, les plus vides pour nous nommer. Refusant de nous reconnaître comme un peuple ou comme une nation, apeurés même par la coquille vide de la société distincte, les premiers ministres du Canada anglais sont descendus au soubassement, où ils ont trouvé sans doute le terme le plus passe-partout qui soit: le "caractère unique". » La déclaration de Calgary a vite été oubliée, et les premiers ministres anglophones ont évidemment perdu tout intérêt pour la question... ce que les Québécois se sont ensuite empressés de leur reprocher. Le philosophe Will Kymlicka, généralement très critique du point de vue des Canadiens anglais dans le débat constitutionnel, fait cette remarque judicieuse au sujet de l'attitude québécoise: « Lors des débats sur les accords du lac Meech et de Charlottetown, les Canadiens anglophones ont procédé à de longues et éprouvantes discussions à propos de leurs propositions constitutionnelles, pour ensuite voir celles-ci être rejetées du revers de la main par des séparatistes les qualifiant d'"insultes" à l'endroit du Québec. À juste titre, les Canadiens anglophones n'ont pas du tout apprécié ce type de rejet[13]. » Une remarque qui s'applique tout aussi bien aux épisodes de Fulton-Favreau, de Victoria et de Calgary. Cela étant, peut-on vraiment s'étonner qu'aujourd'hui 6 Canadiens anglais sur 10 estiment que « rien ne peut satisfaire le Québec[14] » ?

En somme, le jeu de la mésentente s'est toujours joué à deux. Il y eut des moments où le Canada anglais était clairement dans l'erreur; d'autres où c'est le gouvernement du Québec qui a erré. Cette part de responsabilité, les bâtisseurs de nos mythes nationaux l'ont soigneusement gommée.

J'ai été consterné de lire récemment un texte de Gérard Bouchard[15], un intellectuel pour qui j'ai beaucoup d'admiration et d'estime, dans lequel il succombait au mythe du Québec martyr. À lire M. Bouchard, tous les maux du Québec moderne ont commencé avec la répression des Rébellions, en 1837-1838. Et les pauvres leaders patriotes ne sont évidemment d'aucune manière responsables du dérapage insensé vers la violence : « [Le mouvement patriote] s'est heurté à une puissance colonisatrice particulièrement hostile à tout compromis et qui a multiplié les preuves de mauvaise foi, s'employant à semer la frustration, la grogne et la division parmi les rangs patriotes. En conséquence, le mouvement a fait preuve d'impatience, il s'est durci et, en 1837, il a commis l'erreur de se militariser. » C'est le summum de la déresponsabilisation : les leaders canadiens-français ne doivent pas être blâmés pour la grave erreur stratégique qu'ils ont commise; tout est à cause des « Anglais ». Pourtant, à l'époque, ne se trouvait-il pas beaucoup de Patriotes pour mettre en garde Papineau et ses disciples contre les risques d'une stratégie radicale ? Papineau lui-même ne s'est-il pas détourné de la faction dure du mouvement lorsque celle-ci a tenté, en 1838, de provoquer une guerre entre les États-Unis et le Canada britannique, manœuvre désespérée qui a mené au pire de la répression ? Certains historiens, Gérard Filteau notamment, ont fait un pas de plus. Filteau soutient que la stratégie des

Patriotes résulte d'un complot ourdi par les autorités coloniales, les Bureaucrates : « À qui un soulèvement armé pouvait-il profiter en novembre 1837 ? Sûrement pas aux Patriotes, ni collectivement, ni individuellement, et de plus, il est établi qu'ils n'avaient aucun préparatif dans ce but. Il n'y avait qu'un parti qui avait intérêt à ce que des troubles se produisissent, et c'est celui des Bureaucrates. » Pierre Falardeau ne dit pas autre chose dans son *15 février 1839*. Et comme Gérard Bouchard, il cherche à justifier le combat indépendantiste d'aujourd'hui par ce qui s'est passé au temps des Rébellions, escamotant de la sorte presque deux siècles d'histoire. Alors qu'il marche vers la potence, un des Patriotes condamnés s'écrie : « Un jour, ils vont payer pour ça ! On va les faire payer pour ça ! On va reprendre ce qu'ils nous ont volé, cette race de chiens ! » Voilà pourquoi il faudrait voter OUI à la souveraineté, un siècle et demi plus tard : pour faire payer ces « chiens » d'Anglais !

Dans son texte, Gérard Bouchard fait curieusement fi de tous les gains obtenus par Louis-Hippolyte La Fontaine, puis par George-Étienne Cartier. L'histoire se serait arrêtée en 1838 : « La répression violente qui a suivi a cassé les orientations émancipatrices portées par les Patriotes et, par là, a engagé la société canadienne-française sur une voie étroite qui l'éloignait des grands courants de l'heure. Ont pu ainsi se mettre en selle, et pour un long siècle, des élites frileuses, très conservatrices, qui ont aménagé dans le lit de la défaite et de la répression le lieu de leur pouvoir. » Dans tout cela, les pauvres Québécois n'ont aucune part de responsabilité : tout est dû à la répression de 1837-1838, et le Québec est depuis paralysé. « Dans l'histoire du Québec, écrit le sociologue, le mouvement patriote est plus qu'un accident de parcours. C'est un acte fondateur, un bel élan émancipateur brisé par des forces d'oppression auxquelles le cours général de l'histoire a donné tort. Qu'attendons-nous pour nous donner raison ? » Comment M. Bouchard peut-il négliger le fait que l'« élan émancipateur » a repris quelques années à peine après les Rébellions ? Que, comme l'ont montré beaucoup de travaux historiques, le Québec s'est inscrit bien avant 1960 dans les « grands courants de l'heure » ? Et que, à la suite de la Révolution tranquille, le peuple québécois est aujourd'hui, de toute évidence, « émancipé » ?

Voilà le mythe de la victime dans sa plus simple expression : si les bons Patriotes l'avaient emporté, le Canada français aurait connu le Paradis. La défaite l'a au contraire plongé dans une Immense Noirceur dont nous ne sommes pas encore sortis, et dont nous ne sortirons que le jour où le OUI l'emportera. C'est un trait assez curieux de la pensée indépendantiste : les souverainistes veulent que le Québec devienne indépendant pour que les Québécois soient enfin pleinement responsables de leur destinée. Pourtant, d'ici là, on ne tient les mêmes Québécois responsables de rien de ce qui leur arrive.

Un autre traumatisme de l'histoire québécoise a été interprété comme l'ont été les Rébellions de 1837-1838. Selon l'ex-felquiste Pierre Vallières, « la crise d'octobre [1970] ne fut pas "un accident historique" mais, au contraire, l'exécution préméditée [par le gouvernement fédéral] d'un plan qui n'avait d'autre objectif que de compromettre toutes nos chances d'avenir ». Dans un livre sur la question, Vallières laisse entendre, ni plus ni moins, que l'enlèvement et le meurtre du ministre libéral Pierre Laporte ont été orchestrés par les autorités politiques, policières et militaires fédérales. Une fois Laporte trouvé mort, « l'équipe Trudeau peut, avec l'appui de tout le pays, remettre le Québec à sa place et porter un coup mortel aux aspirations indépendantistes[16] ». Pauvres felquistes ! Eux aussi, comme les Patriotes, ont été victimes des méchants Anglais et de leurs valets francophones !

Le référendum volé

Depuis la déclaration malheureuse de Jacques Parizeau le soir du référendum de 1995 (« l'argent et des votes ethniques »), les dirigeants souverainistes semblaient avoir accepté le résultat du vote. Mais dix ans plus tard a resurgi avec force la thèse du « référendum volé », faisant encore une fois des

Québécois la victime des « autres ». « Si de telles violations s'étaient produites en Afrique, affirme le militant indépendantiste Robin Philpot, celles de 1995 et celles du programme des commandites qui découlaient du résultat référendaire, le Canada serait mis au ban des nations et serait qualifié, entre autres, de "kleptocratie"[17]. » Rien de moins! Le directeur de *L'Action nationale*, Robert Laplante, écrit dans un texte qui a fait fureur parmi les indépendantistes:

> Imaginons qu'au soir du 30 octobre 1995, le premier ministre du Québec ait décidé de retenir son interprétation des résultats du référendum. Devant les violations de la loi québécoise par le gouvernement *canadian* et en raison des nombreuses irrégularités et exactions commises par des sociétés de la Couronne et des groupes organisés, le chef de l'État québécois aurait pu décider d'attendre les résultats d'une commission d'enquête désignée par l'Assemblée nationale avant de conclure quoi que ce soit sur le résultat du référendum et le sens à donner à l'événement[18].

Irrégularités? Exactions? Kleptocratie? De quoi est-il question, au juste? D'argent et de votes ethniques. Les souverainistes reprochent au gouvernement fédéral d'avoir dépensé des sommes importantes en publicité vantant les activités du gouvernement du Canada dans les mois précédant le référendum. Cela est un fait. Mais le gouvernement de Jacques Parizeau n'était pas en reste: publicités gouvernementales, commissions itinérantes, études sur la souveraineté… À elles seules, les 18 commissions sur l'avenir du Québec coûtèrent 5 millions au gouvernement québécois[19]. Avant l'émission des brefs référendaires, le gouvernement Parizeau versa 4 millions au Conseil de la souveraineté, chargé de faire la promotion du OUI[20]. On peut se disputer sur les montants et les effets des campagnes menées de part et d'autre. Mais il n'y a rien dans la stratégie préréférendaire fédérale qui soit substantiellement différent de la souverainiste. Sauf un événement, le grand rassemblement du NON tenu à Montréal le vendredi précédant le vote. Dans ce cas-ci, il est clair que les organisateurs n'ont tenu aucun compte des limites de dépenses fixées par la loi référendaire québécoise. L'enquête du Directeur général des élections (DGE) a permis d'établir que des individus, des entreprises et des gouvernements provinciaux ont contrevenu à la loi en louant des autobus pour permettre à ceux qui le souhaitaient de se rendre à Montréal pour cette manifestation. Des compagnies aériennes et ferroviaires ont pour leur part offert des rabais aux manifestants. Cet incident, qu'on peut attribuer à la panique, n'en est pas moins déplorable. Mais les sondages menés par les deux camps dans les heures qui ont suivi ont montré que le grand rassemblement avait nui aux fédéralistes, faisant perdre un point ou deux au NON[21]. Si tentative de « vol » il y a eu, elle a lamentablement échoué !

Quiconque suit la politique de près a appris avec le temps que, peu importe les idéologies, aucun parti n'a le monopole des coups fourrés. On sait par exemple que, dans trois circonscriptions dont l'électorat était très majoritairement favorable au NON, un nombre anormalement élevé de bulletins ont été rejetés « de façon manifestement déraisonnable », selon le juge à la retraite Alan B. Gold qui enquêta sur cette affaire. Le DGE a intenté des poursuites contre 39 scrutateurs. Le Directeur général, Pierre F. Côté, a toutefois minimisé l'importance de ces accrocs en faisant remarquer que les scrutateurs impliqués ne représentaient qu'une toute petite proportion des 22 341 scrutateurs en fonction le jour du référendum. Curieusement, personne n'a insisté sur le fait que de tels taux de rejet, dans les trois circonscriptions concernées, signifient que le vote de plus de 9000 personnes[22], presque toutes favorables au NON, a été ignoré. Les leaders souverainistes préfèrent souligner le fait que 54 étudiants de l'Université Bishop's ont été condamnés pour avoir voté illégalement. D'un côté, la paille, 54 votes illégaux ; de l'autre, la poutre, plus de 9000 votes annulés.

L'autre volet de la thèse du référendum volé porte sur l'attribution de la citoyenneté canadienne à des milliers d'immigrants dans les mois précédant le référendum. On avait entendu beaucoup de rumeurs à ce sujet à l'époque. Le ministère de l'Immigration et de la Citoyenneté avait confirmé que, comme avant tout scrutin provincial ou fédéral, il accélérait le traitement des demandes répondant aux critères habituels pour permettre aux nouveaux citoyens d'exercer leur droit de vote. « On se sert des immigrants non intégrés pour empêcher délibérément tous les Québécois d'avoir accès au concert des nations », avait alors lancé Bernard Landry. L'affaire a semblé confirmée par des données publiées dans un article du *Devoir*. Selon ces chiffres, « le nombre d'attributions de la citoyenneté au Québec est soudainement passé de 23 799 en 1993 à 43 855 en 1995, soit un taux d'augmentation de 87 % en deux ans ». *Le Devoir* parlait alors d'« un plan d'intervention de grande envergure pour gonfler substantiellement le nombre d'électeurs disposés à voter contre la souveraineté du Québec ». L'ancien stratège péquiste Jean-François Lisée a noté, lui, que le nombre d'immigrants ayant obtenu leur citoyenneté canadienne au Québec a crû de manière spectaculaire en octobre 1995[23]. Récemment, en plein scandale des commandites, un ancien directeur général du Parti libéral du Canada au Québec, Benoît Corbeil, a déclaré : « Il y a eu une accélération du processus menant à la citoyenneté de milliers d'immigrants au Québec. Ce n'était pas difficile : plusieurs commissaires à l'immigration étaient liés au parti. » M. Corbeil a convenu par la suite qu'il n'avait aucune connaissance directe de ce fait mais peu importe, la thèse du complot s'en trouvait renforcée.

Le recul nous permet de dégager une image différente de la réalité. Les chiffres cités à l'époque par *Le Devoir* sont exacts. Mais ils sont incomplets. En effet, si le nombre de nouveaux citoyens admis a grimpé au Québec de 87 % de 1993 à 1995, il a augmenté pendant la même période de 84 % en Colombie-Britannique et de 50 % en Ontario. Pourquoi le « plan d'intervention de grande envergure » du fédéral se serait-il étendu à d'autres provinces ? Pour faire diversion, penseront les esprits tordus. Pour améliorer le sort politique des libéraux fédéraux, croit Lisée. Les faits sont moins cyniques que les idéologies. La hausse du nombre de citoyennetés octroyées de 1993 à 1995 s'explique en bonne partie par

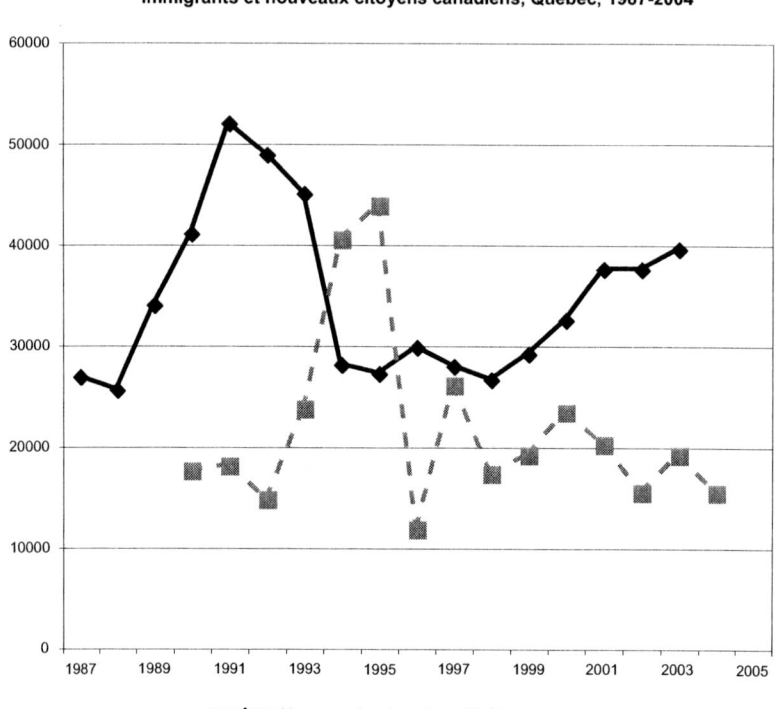

Immigrants et nouveaux citoyens canadiens, Québec, 1987-2004

l'augmentation importante du nombre d'immigrants admis au Canada, notamment au Québec, au cours des années précédentes. Au Québec, le nombre d'immigrants est passé de quelque 25 000 par an au milieu des années 1980 à 52 000 en 1991, un sommet. Il n'y a rien d'étonnant à ce que cette montée se reflète, dans un délai de trois ans (le délai exigé avant d'avoir droit à la citoyenneté), par une montée parallèle du nombre de nouveaux citoyens.

Ne cherchons pas non plus de complot préréférendaire dans la hausse du nombre d'immigrants reçus à compter de 1990 ; ce phénomène résulte, comme le rappelait récemment le Conseil des relations interculturelles du Québec, de « la régularisation des dossiers de revendicateurs du statut de réfugié par le gouvernement fédéral, combinée à l'épuration des dossiers des gens d'affaires accumulés au bureau de Hong-Kong et à l'arrivée massive des personnes fuyant la guerre au Liban[24] ». Ottawa a-t-il mis les bouchées doubles pour que tous ceux qui avaient droit à la citoyenneté canadienne l'obtiennent avant le 30 octobre 1995 ? Sans aucun doute, comme le démontre l'enquête menée en 1996 par Chantal Hébert, alors à *La Presse*[25]. Mais tout indique qu'aucune règle n'a été violée, et que les gens à qui on a conféré la citoyenneté y avaient parfaitement droit. On ne leur a donc pas donné le droit de vote « prématurément », comme le dit Lisée ; on a accéléré le traitement de leurs demandes pour qu'ils puissent exercer le droit qu'ils avaient acquis dans les faits, habitant au Canada depuis trois ans. Qu'aurait dû faire Ottawa devant l'afflux de demandes de citoyenneté ? Répondre « Non, désolés, nous ne faisons rien de spécial, tant pis si vous ne pouvez pas voter » ? Les indépendantistes prétendent qu'aujourd'hui bon nombre de membres des communautés culturelles partagent leur idéal. Donnons-leur raison à seule fin de faire une petite démonstration. Imaginons que, à l'occasion d'un prochain référendum sur la souveraineté, des milliers d'immigrants reçus habitant le Québec depuis tout juste trois ans demandent d'obtenir leur citoyenneté canadienne afin de pouvoir voter. Supposons que plusieurs d'entre eux soient indépendantistes. Et disons enfin que les autorités fédérales refusent d'accélérer leurs procédures de naturalisation, sous prétexte que la bureaucratie, c'est la bureaucratie. Qui, croyez-vous, crierait au scandale, au colonialisme, au vol ? CQFD.

De toute façon, les résultats des calculs de Lisée sur l'« utilisation politique de la citoyenneté[26] » le forcent à conclure que l'accélération du processus d'attribution de la citoyenneté « ne remet pas en cause le résultat du scrutin[27] ». Encore ici, même ceux qui croient la thèse d'une tentative de vol doivent convenir que la supposée manœuvre a échoué.

Au-delà des interprétations des faits, l'idée même selon laquelle les anglophones et les membres des communautés culturelles empêchent les Québécois francophones d'accéder à la souveraineté, très répandue au sein du mouvement indépendantiste, est mal fondée, méprisante et dangereuse. Dire que la défaite est due à des « votes ethniques », c'est blâmer l'« autre » (les « non-intégrés », pour reprendre l'expression détestable de M. Landry*) pour ses malheurs. C'est prétendre que les Québécois francophones ne sont pas maîtres de leur destin. Rien n'est plus faux. Faut-il le rappeler : les francophones constituent 81 % de la population du Québec. Et ce sont ceux qui n'en représentent que 19 % qui bloqueraient leur marche triomphale vers la souveraineté ? Le Québec n'est tout de même pas l'Afrique du Sud ! Le pouvoir politique, ici, est fermement entre les mains des Québécois francophones. Plutôt que de déplorer le vote des « autres », les souverainistes devraient se demander pourquoi au moins 40 % des Québécois francophones sont restés insensibles à leur discours, malgré toutes les acrobaties du camp du OUI pour les séduire.

La thèse du référendum volé vient conforter cet extraordinaire penchant des Québécois pour le statut de victimes. Dans l'esprit des souverainistes, les victoires du NON en 1980 et 1995 ne peuvent en aucun cas être interprétées comme l'expression de la volonté légitime d'une majorité de Québécois. Il y a eu « vol », ou « exactions », ou « fraude », commis par le gouvernement *Canadian*. À leurs yeux, l'électorat québécois ne se sera clairement et définitivement exprimé que lorsqu'il aura dit OUI à la souveraineté. Et à partir de ce moment-là, évidemment, il ne saurait être question de tenir un autre référendum sur le sujet** !

---

* On comprend que l'intégration se mesure en fonction de l'adhésion aux thèses souverainistes...
** Gilles Duceppe l'a appris à ses dépens alors que, au cours de sa première campagne électorale comme chef du Bloc Québécois, en 1997, il a osé évoquer la possibilité qu'après la souveraineté un gouvernement provincial fédéraliste cherche à revenir en arrière en consultant à nouveau les Québécois. Il fut vite rappelé à l'ordre par les gardiens de l'orthodoxie indépendantiste.

Les Canadas anglais

Au Québec, nous avons interprété la mort de l'accord du lac Meech comme la preuve que LE Canada anglais refusait de reconnaître notre société distincte. Le choc aurait sans doute été moins brutal si nous avions mieux mesuré l'envergure de ce « rejet ». Pour la suite des choses, en tout cas, il aurait fallu garder à l'esprit que Meech avait été ratifié par le Parlement fédéral (représentant l'ensemble du pays) et par les assemblées législatives de huit provinces. L'accord jouissait donc d'un appui substantiel au Canada anglais. Seule l'exigence de l'unanimité, difficile à obtenir dans quelque pays que ce soit et dans quelques circonstances que ce soient, a eu raison de Meech. L'épisode a laissé de part et d'autre beaucoup de ressentiments, qui ne s'effaceront sans doute jamais complètement. Mais il subsiste au Canada anglais une ouverture que nous aurions tort de négliger, qu'au contraire nous aurions tout avantage à cultiver. Il suffit de parcourir les rayons des librairies anglaises pour découvrir de nombreux ouvrages historiques et politiques où l'idée de donner au Québec, dans la Constitution canadienne, la place qui lui revient est défendue avec conviction et brio. Je cite quelques-uns de ces bouquins empilés sur ma table de travail :

> Le temps est venu de réexaminer avec un œil critique la stratégie d'unité nationale de Trudeau et la voie sur laquelle elle a mené le Canada. Ce n'est qu'ainsi que nous pourrons espérer trouver les moyens de tirer le pays de la crise qu'il traverse actuellement[28].
>
> Nous devons inventer un fédéralisme qui permettra au Québec d'agir conformément à son profond sentiment d'identité politique nationale et qui n'empêchera pas les Canadiens anglophones de respecter leur volonté tout aussi profonde d'agir en tant que collectivité et pas simplement en tant que provinces distinctes. Bref, nous devons définir une formule de fédéralisme à la fois asymétrique et multinationale[29].
>
> Ce n'est pas le Parti Québécois, ou Brian Mulroney, ou le gouvernement de Robert Bourassa qui a inventé la société distincte ; cette idée fut essentielle à l'acceptation de la Confédération par

> les Canadiens français en 1867. Une fois que nous aurons reconnu cette réalité, et que nous constaterons à quel point cette idée a persisté tout au long de l'histoire du Québec, nous comprendrons peut-être plus facilement pourquoi la plupart des Québécois ne se perçoivent pas comme voulant détruire le Canada, mais plutôt comme cherchant à l'améliorer, non comme des traîtres mais comme fidèles à leur conception ancienne et légitime de la Confédération, une conception qui mérite sans doute d'être respectée autant que la nôtre[30].

Outre la frustration et la colère provoquées par l'intolérance de certains, il aurait donc pu demeurer de l'épisode de Meech le souvenir de l'ouverture manifestée par une grande partie du pays, ouverture qui subsiste au moins dans les milieux intellectuels. Mais les Québécois ont toujours eu du Canada anglais une vision caricaturale, comme s'il s'agissait d'un bloc uniforme, anti-Québec, anti-Français, pro-monarchie, de droite. Cela étant, notre sort de victimes est plus aisément démontrable.

Beaucoup de Canadiens anglais connaissent peu et comprennent mal le Québec ; mais notre ignorance à nous de ce que sont nos voisins est au moins aussi grande. Il y a au moins, dans certains milieux canadiens-anglais, une curiosité manifeste à l'égard du Québec. On s'intéresse beaucoup à la culture québécoise, à nos films, à notre littérature. À l'opposé, personne au Québec ne s'intéresse à la culture canadienne. Non sans mépris, nous avons tendance à penser que celle-ci n'existe pas. Nous continuons de croire que « Toronto est une ville plate », sans y avoir jamais mis les pieds, préférant ignorer que la Ville Reine est devenue une métropole économique, scientifique et *culturelle* d'envergure internationale[31].

Peu de Québécois passent leurs vacances ailleurs au pays, privilégiant les États-Unis, les îles du Sud ou l'Europe. Des politiciens québécois de premier niveau (Robert Bourassa, par exemple) ne savaient à peu près rien du reste du Canada avant leur accession au pouvoir. À cet égard, Claude Ryan fut une exception. Comme secrétaire national de l'Action catholique, poste qu'il occupait avant d'arriver à la direction du *Devoir*, il eut à voyager partout au Canada, ce qui lui permit toujours d'éviter les généralisations faciles dont nous nous contentons. Dans son ouvrage sur le fédéralisme, il a déploré avec justesse l'importance démesurée que nous, Québécois francophones, accordons à chaque manifestation d'intolérance venant du Canada anglais, tout en minimisant nos propres dérapages :

> Ainsi, on apprend un beau soir en regardant les nouvelles à la télévision qu'un groupe de fanatiques anglophones a foulé aux pieds le drapeau fleurdelisé dans une municipalité de l'Ontario. Tout de suite, certains en concluent que voilà une nouvelle manifestation de l'hostilité du Canada anglais envers le Québec (…) Mais un autre jour, toujours à la télévision, on entend raconter que plusieurs éléments souverainistes, dans leur volonté obsessive de gagner le référendum, seraient prêts à réserver le droit de vote aux seuls Québécois « de souche ». Tandis qu'ailleurs on voit dans ces propos le reflet d'une xénophobie dangereuse, ceux-là mêmes qui au Québec mettent en cause tout le Canada anglais quand des incidents de même inspiration surviennent dans une autre province s'empressent de proclamer qu'il s'agit cette fois d'incidents isolés[32].

Comme chacun, je suis ulcéré de constater que la CBC continue de permettre à Don Cherry d'insulter les Canadiens français lors de la diffusion des parties de hockey. Faut-il conclure de ses niaiseries que tout le Canada anglais partage ce point de vue ? Pas davantage qu'il ne faut attribuer à tous les Québécois le point de vue violemment anti-Anglais de Pierre Falardeau. Au moins, Cherry n'a pas la prétention d'être autre chose qu'un commentateur sportif, tandis que Falardeau a été sacré « Patriote de l'année » ! Imaginons la réaction des Québécois si un cinéaste canadien-anglais avait tourné un film historique où tous les personnages francophones étaient des imbéciles et des brutes ! Et où les héros anglophones n'avaient de cesse de les traiter de « race de chiens » !

Il en est au Canada comme ailleurs dans le monde : si on laisse les extrémistes prendre le contrôle des émotions et des pensées collectives, les préjugés et les conflits prévaudront. La paix et la prospérité exigent que les hommes et les femmes de bonne volonté de part et d'autre des barrières culturelles se tendent la main, surtout par temps fort. Pour que cela puisse se produire et durer, il faut au moins faire l'effort de mieux se connaître, de mieux se comprendre. Les Québécois ont généralement l'impression qu'il existe, entre nous et les Canadiens anglais, un infranchissable fossé d'opinions et de valeurs. Or, des sondages ont révélé plus de similitudes que de différences. Par exemple, une enquête réalisée pour *La Presse* a démontré que, sur plusieurs sujets sensibles, les Québécois et les Albertains partageaient le même point de vue. Dans les deux provinces, une forte majorité de gens sont favorables au libre choix en matière d'avortement, à des peines plus sévères pour les jeunes criminels, à la publication des photos des pédophiles notoires. Les Québécois sont même plus favorables que les Albertains à ce que des patients puissent payer pour être soignés plus rapidement[33].

Notre ignorance du Canada anglais nous porte à croire, de plus, que nous sommes les seuls dont les griefs sont importants, les seuls attachés à leur sol et à leur culture. Il n'en est rien. Selon le grand sondage annuel du Conseil de recherche et d'information du Canada, en 2004, les citoyens de six provinces et territoires étaient plus nombreux que les Québécois à considérer qu'ils ne sont pas traités avec respect au Canada. Seulement 12 % des Terre-Neuviens s'estimaient équitablement traités au Canada, contre 40 % des Québécois[34]. Un autre sondage révélait récemment que, selon 36 % des résidants des provinces de l'Ouest, celles-ci devraient considérer l'idée de créer un pays indépendant[35]. Si de telles données n'enlèvent rien au fondement des revendications québécoises de reconnaissance, elles permettent de mieux comprendre pourquoi l'idée d'un « statut particulier » fait tiquer hors du Québec.

Je ne veux pas minimiser les différences culturelles entre Québécois francophones et Canadiens anglophones. Au cours de mes brèves études à l'Université McGill, de mon séjour dans la capitale fédérale, et dans mes fréquents échanges avec des anglophones depuis, j'ai été à même de constater la profondeur de certaines incompréhensions, les différences dans les façons de vivre et dans les références culturelles. Mais il me semble que notre vision simpliste du Canada anglais nous empêche de voir que, au-delà de toutes ces différences, nous partageons aussi des valeurs fondamentales : notre conception de la démocratie, de la solidarité, du rôle de l'État, de celui du Canada dans le monde. Il n'est tout de même pas banal que dans le dossier crucial de la diversité culturelle, le gouvernement du Canada et celui du Québec – Sheila Copps et Louise Beaudoin ! – aient fait front commun.

Il sera toujours difficile pour deux peuples de coexister, de trouver quotidiennement des terrains d'entente, de surmonter leurs différends, d'ignorer les dérapages extrémistes. Mais si cela est humainement possible, il faut que cela soit possible ici. Si la coexistence au sein d'un même État, la création d'une « nationalité politique » dont parlait George-Étienne Cartier, échoue au Canada, on voit mal comment elle pourrait réussir entre des peuples bien plus différents que ne le sont les Canadiens anglophones et les Québécois francophones. Cela exige toutefois, d'un côté comme de l'autre, un effort sans cesse renouvelé, une grande ouverture d'esprit, du calme et de la modération, un regard critique sur ses propres préjugés. Ces attitudes sont particulièrement exigeantes pour la nation minoritaire, dont les souffrances passées – réelles – ont été élevées au rang de mythes.

CHAPITRE II

Le pays des merveilles

Les Québécois forment une nation. Aux yeux des souverainistes, ce seul constat fait de la souveraineté un aboutissement naturel, inévitable de l'histoire du Québec. Ils se trompent. Cet argument place beaucoup trop bas le fardeau de la preuve.

Il est indéniable que la nation québécoise pourrait, si elle le souhaitait, se doter d'un État souverain. Depuis le rapport publié par la commission Bélanger-Campeau, la très grande majorité des Québécois, même les fédéralistes les plus têtus, conviennent qu'un Québec souverain serait viable[1]. Il ne s'agit donc plus de se demander si un Québec souverain serait un « Cuba du Nord » ou une « république de bananes », arguments démagogiques utilisés à une certaine époque par des fédéralistes méprisants. Il s'agit de savoir si l'indépendance est la voie la plus sûre pour le développement futur du Québec, sur les plans culturel, économique et social.

L'adéquation nation-État n'est ni inévitable ni obligatoire. Il existe dans le monde quatre fois plus de nations que d'États, et donc de nombreux États multinationaux où les peuples minoritaires trouvent leur compte. On sait aussi que les populations des États souverains ne sont pas toutes prospères et libres, loin s'en faut. L'indépendance en soi ne garantit rien ; elle n'est souhaitable que si elle permet aux gens de vivre mieux. Or au Québec, malgré tous les efforts faits par les penseurs souverainistes au cours des années, cette démonstration n'a pas été faite. Et elle est plus difficile à faire aujourd'hui que jamais, comme le prouve l'incessante quête des péquistes pour une stratégie gagnante. Au cours de la « saison des idées » inaugurée par Bernard Landry à la suite de la défaite électorale de 2003, l'une des principales revendications des militants portait sur la nécessité pour le parti de mettre en valeur les effets de la souveraineté. « Il est recommandé que le Parti Québécois présente la souveraineté de manière plus concrète afin que la population sente mieux la nécessité de son avènement », pouvait-on lire dans un des documents déposés au Conseil national d'août 2004, à Québec. Cette fin de semaine là, l'idée a été répétée à plusieurs reprises. « Les gens veulent savoir ce qu'il y a pour eux [dans le projet de souveraineté]. Il faut que nous soyons capables de leur répondre », a soutenu M. Landry, qui jusque-là semblait croire qu'il suffirait de promettre aux Québécois leur participation au « concert des nations » pour qu'ils le suivent.

Il y a là une sorte d'aveu : presque quarante ans après l'*Option Québec* de René Lévesque, malgré neuf campagnes électorales et deux campagnes référendaires, malgré une multitude de livres, d'articles de journaux, de colloques et de campagnes publicitaires, une majorité de Québécois ne comprennent toujours pas ce qu'ils gagneraient si le Québec se séparait du Canada. Voilà qui est assez paradoxal. En général, lorsque les peuples opprimés ont la chance de se prononcer sur leur libération, ils votent OUI sans hésitation, à une très forte majorité. L'indépendance, pour eux, est synonyme d'espoir, l'espoir que leurs malheurs prendront fin. Pourquoi les Québécois réagissent-ils différemment ? La réponse saute aux yeux : parce qu'ils ne sont pas et ne se sentent pas opprimés. Ils sont déçus de l'attitude du Canada anglais, sans doute. Ils sont agacés par l'arrogance occasionnelle du gouvernement fédéral, bien sûr. Mais opprimés ? Victimes de graves injustices ? Empêchés de gagner leur vie honorablement ? Incapables d'exprimer leurs idées ou de parler leur langue ? Au contraire, le Québec est une des sociétés les plus démocratiques et prospères du monde. De quoi les Québécois voudraient-ils se libérer, exactement ?

Vive le Québec libre!

Lorsque René Lévesque quitta le Parti libéral du Québec (PLQ) pour fonder le Mouvement souveraineté-association, l'indépendance pouvait apparaître comme la seule avenue de « libération ». Les Québécois de langue française prenaient difficilement leur place dans le monde des affaires. Ils avaient du mal à se faire servir en français dans les magasins du centre-ville de Montréal. Le visage commercial de la métropole était en bonne partie anglais. La plupart des immigrants envoyaient leurs enfants à l'école anglaise. Bref, les Québécois francophones sentaient leur destin leur filer entre les doigts. Plusieurs intellectuels estimaient que, à l'image d'autres nations, les Québécois devaient accéder à l'indépendance pour avoir en main tous les outils de leur développement. « La situation actuelle du peuple canadien-français est celle d'un peuple colonisé, écrivait en 1965 le militant indépendantiste Pierre Renaud. La plupart des grands domaines d'activité échappent à son contrôle. La conduite de ses affaires est entre les mains d'un autre peuple. Son gouvernement a des pouvoirs très limités, plus limités que ceux qu'avaient avant leur accession à l'indépendance bien des colonies, comme la Tunisie et le Maroc par exemple[2]. » Cependant, à l'époque, les Québécois ne se sentaient pas capables d'assumer un pays. Aujourd'hui, nous nous retrouvons dans la situation opposée : les Québécois savent qu'ils pourraient fonder un pays... mais la nécessité d'une telle décision ne leur paraît pas évidente. Un document issu de la « saison des idées » concède d'ailleurs que « l'image d'un Québec exploité économiquement et dominé culturellement par les "Anglais" paraît "folklorique" à un jeune né en 1990[3] ».

Par une chaude journée de l'été 2005, j'assistais au lancement de la campagne de Louis Bernard à la direction du Parti Québécois (PQ), au Théâtre Corona, à Montréal. Le discours de cet homme très respecté m'a frappé. Ayant rappelé, la fierté dans la voix, que « le Québec est devenu une société solide, mature, développée, culturellement dynamique et diversifiée »,

M. Bernard a décrit son accession à l'indépendance politique comme « l'étape finale » de cette évolution. Étrange : la souveraineté n'a-t-elle pas toujours été présentée comme un outil permettant aux Québécois de se développer ? Pas une étape finale, mais un point de départ ? Si nous nous sommes développés économiquement, socialement et culturellement, à quoi servira la souveraineté ? Cela vaut-il vraiment la peine de dépenser tant d'énergie, de prendre tous ces risques, pour le seul plaisir de déposer une cerise sur un sundae parfaitement réussi ?

C'est au sein du système fédéral que le Québec s'est « libéré ». Son économie n'est plus « colonisée », comme elle l'était au temps où M. Renaud militait au sein du Rassemblement pour l'indépendance nationale (RIN). Jean-François Lisée rappelle souvent que l'économie québécoise est passée du 17e au 10e rang des pays de l'OCDE, de 1992 à 2002, du point de vue de la richesse par habitant. Il y voit un argument en faveur de la souveraineté. Pourtant, ce progrès s'est produit au sein du Canada. Et dans ce grand bond en avant, le Québec a devancé plusieurs pays souverains ! Comme quoi, il n'y a aucun lien logique entre la souveraineté d'un État et sa prospérité.

100 % de nos impôts

Les Québécois contrôlent aujourd'hui de grandes entreprises privées et publiques, dont plusieurs œuvrent au niveau mondial. Le gouvernement (totalement francophone) du Québec intervient sans contraintes dans à peu près tous les domaines de la vie et jouit d'outils puissants tels que la Caisse de dépôt et Hydro-Québec. Que nous donnerait de plus la souveraineté ? Quand je lui ai servi cet argument lors d'une conversation en marge du Conseil national d'août 2004, le député péquiste François Legault a réagi vivement : « Nous aurions 100 % de nos impôts ! »

Comptable de formation, homme intelligent et rigoureux, Legault a passé plusieurs mois à compulser les chiffres pour produire le « budget » des premières années d'un Québec souverain. Pendant quelque temps, j'ai craint le résultat de ces travaux. Si Legault, aidé par de brillants économistes indépendantistes, arrivait à faire une démonstration convaincante des avantages financiers de la souveraineté, les fédéralistes parviendraient-ils à contrer cette attaque ? Et moi, qui ne suis en rien spécialiste en finances publiques, serais-je en mesure de découvrir les pièges et les tours de passe-passe, comme il y en a toujours dans les documents partisans, même (et peut-être davantage) lorsqu'ils sont bourrés de chiffres ?

M. Legault est venu présenter aux journalistes de La Presse le fruit de son travail[4] au mois de mai 2005. J'ai été moi-même étonné du peu de temps qu'il m'a fallu pour découvrir les faiblesses de la démonstration. À mesure que je le décortiquais, le document m'est apparu de plus en plus fragile. Rappelons la conclusion principale du rapport : « La marge de manœuvre d'un Québec souverain atteindrait 1 324 millions $ en 2005-2006 et 4 500 millions $ la cinquième année. Ainsi, sur un horizon de cinq ans, les finances d'un Québec souverain permettraient de dégager une marge de manœuvre de 13,8 milliards $, alors que dans la situation actuelle, il enregistrera un déficit cumulé de 3 milliards $. »

Une première faille, béante, saute aux yeux : le document se fonde sur l'hypothèse que le passage à la souveraineté se produirait exactement comme dans les rêves des souverainistes. Il n'y aurait aucune émigration d'anglophones, aucune hausse des taux d'intérêt, aucun ralentissement économique, même temporaire ! Cette façon de voir les choses est totalement irréaliste : tout changement politique d'envergure produit de l'incertitude, et toute incertitude a un coût économique. Cette incertitude aurait nécessairement un effet, au moins à court terme, sur les dépenses et les revenus des gouvernements du Canada et du Québec. L'économiste réputé Pierre Fortin, qui n'est pas connu comme un croisé fédéraliste, a écrit à ce sujet : « Dans toute période d'incertitude économique et politique, les prêteurs demandent et obtiennent des primes de risque qui font augmenter les taux d'intérêt que les emprunteurs doivent payer. » Et aussi : « Toute période d'incertitude accrue face à l'avenir entraîne d'abord un report à plus tard de certains projets d'investissement. Si le flottement perdure, cette période d'attente est suivie d'une décision de retrait des projets en question (ou d'un changement de leur localisation)[5]. » Cela étant, prétendre offrir un état des finances du gouvernement du Québec souverain sans prévoir les coûts de l'incertitude relève de la tromperie. Or, ces coûts pourraient s'élever à plusieurs centaines de millions de dépenses supplémentaires et de revenus en moins pour le gouvernement du pays naissant.

De plus, la mise en place d'un État souverain entraînerait nécessairement des coûts de transition élevés. Qu'on songe seulement au cafouillage qui s'est produit lorsque Ottawa a transféré la formation de la main-d'œuvre au gouvernement du Québec. Ce n'est évidemment pas que les fonctionnaires provinciaux sont moins compétents que leurs homologues fédéraux ; c'est simplement que la mise en place de nouvelles institutions et le transfert de personnel d'un gouvernement à un autre sont des processus complexes et longs. Tenez, juste un aspect : selon la dernière étude de l'Institut de la statistique du Québec, les employés du gouvernement du Canada reçoivent une rémunération globale de 11,9 % supérieure à celle des employés du gouvernement du Québec[6]. L'intégration de milliers d'employés mieux payés pousserait nécessairement à la hausse la rémunération des fonctionnaires du gouvernement du Québec ; le coût serait faramineux. En 2004-2005, les employés provinciaux gagnaient 26,5 milliards ; ajoutez 11,9 % à ce montant, cela fait pour le gouvernement une dépense supplémentaire de 3,2 milliards par année !

Pour ne pas avoir à tenir compte des coûts de transition, M. Legault et ses experts y vont d'une hypothèse franchement douteuse : « Puisque plusieurs nouvelles dépenses déjà budgétées pour la première année d'un Québec souverain n'auraient probablement pas lieu entièrement la première année, mais bien de façon progressive, il est permis de croire que les éventuels coûts de transition reliés à l'intégration des nouvelles responsabilités fédérales à l'État du Québec seraient absorbés à même ces dépenses partiellement engagées. » On voit qu'il n'y a là aucun calcul : c'est de l'arbitraire pur. L'explication suivante est encore plus étonnante : « Par exemple, le réseau d'ambassades et de consulats du Québec se déploiera probablement sur quelques années, bien que son budget total soit inscrit aux dépenses dès la première année[7]. » En clair, on estime qu'à court terme le gouvernement du Québec ne serait pas en mesure d'offrir certains services jusque-là offerts par le fédéral. Les dépenses de l'État seraient donc moindres, et permettraient d'absorber les coûts de transition. Pour un comptable, c'est parfait. Mais pour le citoyen ? Qui lui assurera ces services manquants pendant la période de transition ? Un Québécois qui se retrouve en difficulté en Arabie saoudite devra bien avoir accès à des services consulaires, non ? Si le Québec ne lui en donne pas, vers qui se tournera-t-il ? Le gouvernement du Canada, bien sûr ! Dans de telles circonstances, il tombe sous le sens qu'Ottawa exigera compensation pour les services qu'il continuera d'offrir aux Québécois. Adieu, économies !

Un dernier exemple de l'irréalisme du document pondu par les experts du PQ : le partage de la dette et des revenus fédéraux. Loin de moi l'idée de contester les détails des hypothèses retenues et des calculs réalisés, car cela dépasse mes compétences. Je tiens tout simplement pour acquis que, une fois venu le temps de la négociation, le gouvernement du Canada n'acceptera pas d'emblée les demandes du gouvernement du Québec. Le nouveau pays aura beau prétendre que sa juste part des revenus du fédéral est de 20 % et que celle de la dette est de 18 %, Ottawa verra certainement les choses d'un autre œil. Si à l'heure actuelle le gouvernement fédéral, qui a désespérément besoin de votes au Québec, refuse de plier aux exigences du Québec relatives au déséquilibre fiscal, comment peut-on croire qu'il cédera le magot au moment où il n'aura plus d'intérêt politique à le faire ? Comment le premier ministre du Canada s'y prendra-t-il pour faire accepter à ses électeurs qu'ils devront supporter 82 % de la dette, tandis que les Québécois, qui représentent 23 % de la population et qui viennent de les envoyer paître, s'en tireront avec 18 % ? Pourquoi essaierait-il même de les convaincre de subir une telle injustice ?

En somme, malgré ses airs de rigueur comptable, le document pondu sous l'impulsion de François Legault participe à cette même féerie que cultive le mouvement souverainiste depuis plusieurs années, féerie selon laquelle le statu quo constituerait l'enfer, tandis que la souveraineté offrirait le paradis. Rêvant d'une sorte de pays des merveilles dans lequel tout serait possible, certains souverainistes en perdent carrément les pédales. Dans le feu de la grève étudiante de l'hiver 2005, le directeur de *L'Action nationale*, Robert Laplante, a soutenu que la souveraineté permettrait au gouvernement du Québec d'instaurer la gratuité au niveau universitaire. Rien de moins ! M. Laplante a écrit :

> On sait que l'abolition des frais de scolarité entraînerait un déséquilibre encore plus grand dans le financement des universités et qu'il ne serait pas possible – surtout dans un délai très court – de repenser ce mode de financement sans la reprise de contrôle de la totalité de nos impôts. La crise de l'endettement étudiant n'est qu'une illustration de plus, une de trop, de ce qu'il nous en coûte de rester dans le Canada. Il faut en sortir, et au plus vite. Cette urgence, les étudiants la sentent bien, ils en font d'ores et déjà les frais[8].

À entendre les souverainistes, le Québec serait tellement riche le lendemain d'un OUI qu'il pourrait investir massivement dans tous les domaines, de la santé à l'environnement, jusqu'à offrir à ses jeunes l'université gratuite. Pourtant, combien de pays souverains peuvent se permettre de faire cela ? Si la souveraineté d'un État était la clé permettant d'ouvrir la porte du paradis, ça se saurait.

Cela dit, admettons un instant que le « budget Legault » se tienne. Il ne ferait alors que démontrer que l'accession à la souveraineté serait moins risquée aujourd'hui qu'autrefois, du strict point de vue des finances publiques, en raison de la conjoncture particulière du déséquilibre fiscal. Jusqu'au référendum de 1995, en effet, toutes les études réalisées sur cette question montraient qu'un Québec indépendant se retrouverait en situation de déficit et lourdement endetté. À cette époque, le fédéralisme était donc fiscalement très avantageux pour le Québec. Incapables d'arriver à une autre conclusion que celle imposée par les chiffres, les souverainistes minimisaient alors la valeur des transferts fédéraux en disant qu'il ne s'agissait pas de dépenses productives, mais d'une sorte de malsaine assistance sociale; aujourd'hui, ils dénoncent le fédéral parce qu'il a osé diminuer ces mêmes transferts jadis méprisés!

Serait-il raisonnable de quitter le Canada en raison d'une conjoncture qui existe depuis moins d'une décennie, et qui pourrait fort bien se modifier au cours des prochaines années? Ne serait-il pas plus simple de rétablir l'équilibre fiscal au sein du système actuel, processus déjà en cours d'ailleurs, que de détruire le système en entier?

Un Québec français

Aujourd'hui comme hier, la protection du français reste l'une des principales motivations des partisans de la souveraineté; ils sont profondément convaincus que dans un Québec indépendant le français se porterait mieux. L'affirmation semble tellement tomber sous le sens qu'on n'ose pas la contester, voire l'analyser. Or, quand on y regarde de plus près, l'évidence... n'est plus évidente du tout!

Du point de vue de la sauvegarde du caractère français du Québec, l'un des avantages présumés de la souveraineté concerne l'intégration des immigrants. Le raisonnement est le suivant: comme le Québec ne choisit pas tous ses immigrants, il ne peut pas privilégier les francophones. En outre, mal informés par les ambassades et consulats canadiens, les immigrants arrivant chez nous ignorent qu'ils s'installent dans une société francophone. Et comme ils perçoivent le Canada comme un pays anglophone, ils sont peu motivés à apprendre le français ou à le faire apprendre à leurs enfants.

Loupe sur la réalité. Quatre-vingt-dix pour cent des enfants d'immigrants sont désormais inscrits à l'école française, de sorte qu'un grand nombre d'entre eux, aujourd'hui, parlent français comme vous et moi (pour le meilleur et pour le pire...). En vertu d'une entente avec le gouvernement du Canada, conclue à l'origine par un gouvernement provincial péquiste et un gouvernement fédéral libéral, c'est le Québec qui choisit la plupart des immigrants qui s'installent ici, et c'est lui qui est responsable de leur intégration. Que changerait la souveraineté ? Le gouvernement d'un Québec indépendant choisirait 100 % des immigrants, plutôt que 65 %. L'admission des revendicateurs du statut de réfugié qui arrivent au Québec, présentement décidée par le fédéral, relèverait de la juridiction du nouveau pays. Même chose pour les parents d'immigrants admis en vertu du programme de réunification des familles. À l'heure actuelle, les nouveaux venus de ces deux catégories sont proportionnellement moins nombreux à connaître le français que ceux qui sont choisis par le gouvernement du Québec. Les souverainistes semblent croire que l'avènement de la souveraineté permettrait au Québec de mieux « filtrer » ces immigrants en vertu de critères linguistiques. Cette prétention ne tient pas la route. Pourrions-nous rejeter la candidature d'un réfugié menacé de mort dans son pays sous prétexte qu'il ne parle pas français ? Québec refuserait-il à un immigrant le droit de faire venir sa conjointe parce que celle-ci ne maîtrise pas la langue de Vigneault ? Le Québec souverain, comme le Canada d'aujourd'hui, voudrait respecter ses obligations morales envers les immigrants et les réfugiés. Par conséquent, le fait d'avoir le contrôle total sur la composition de notre immigration aurait un impact très limité.

Si le Québec était indépendant, prétendent aussi les souverainistes, les immigrants qui choisiraient de venir ici ne seraient victimes d'aucune ambiguïté : ils sauraient sans l'ombre d'un doute que leur nouveau pays est français. Ce n'est pas toujours le cas à l'heure actuelle, en effet. Divers témoignages indiquent que le personnel des ambassades et consulats canadiens n'est pas toujours très clair sur le caractère français du Québec, insistant davantage sur le bilinguisme officiel en vigueur au Canada. De toute façon, les émigrants ne sont pas tous attentifs à ce qu'on leur dit sur leur futur pays d'adoption; ils en ont déjà une image et c'est celle-ci qui prévaut sur les avertissements des agents d'immigration. Le Canada, pour plusieurs, est un pays anglophone, qui au surplus a le grand avantage d'être voisin des États-Unis. Je me souviens avoir rencontré, au cours d'un reportage, une dizaine d'immigrants venus de Hong-Kong en vertu d'un programme québécois destiné aux gens d'affaires étrangers. J'avais constaté qu'après quelques mois passés dans la région de Montréal plusieurs d'entre eux souhaitaient partir pour Toronto ou Vancouver. Quand je leur ai demandé pourquoi, ils m'ont répondu : « Je ne savais pas qu'il fallait parler français ici. Déjà, il faut que j'apprenne l'anglais. Alors une troisième langue, c'est trop ! » « Il fait froid. Et toute cette neige l'hiver ! J'ai un parent à Vancouver, qui me dit que le climat y est beaucoup plus clément. »

Le personnel de la délégation du Québec à Hong-Kong avait pourtant rencontré ces gens. Mais le français, la neige leur semblaient bien théoriques dans les bureaux de la délégation. Tandis qu'arrivés à Brossard...

À l'heure actuelle, quelque 55 % des immigrants qui s'installent au Québec connaissent le français à leur arrivée. Un Québec indépendant ferait-il mieux ? Peut-être. Mais il y aurait des limites à son action. D'une part, le bassin d'immigrants potentiels parlant français est limité, et le déclin démographique auquel fera bientôt face le Québec ne lui permettrait pas de s'en contenter; d'ailleurs, dans la catégorie des immigrants dits « économiques », dont le gouvernement québécois est seul responsable, la proportion de « connaissant français » n'est tout de même que de 65 %. D'autre part, un Québec indépendant, pas plus que le Québec d'aujourd'hui, ne pourrait faire de la langue le seul critère de sélection des immigrants. Il y aurait aussi un risque, non négligeable, qu'un Québec indépendant ait du mal à attirer autant d'immigrants que le Québec fédéré. Déjà, notre part de l'immigration canadienne est relativement petite (18%). On peut craindre que les émigrants connaissant l'anglais ne préfèrent de beaucoup s'installer au Canada plutôt que dans un Québec français. Non en raison d'une quelconque hostilité à l'égard du Québec, mais simplement parce que, pour la grande majorité des gens qui émigrent, le rêve, c'est l'Amérique. L'Amérique anglophone! Le nombre d'immigrants arrivant au Québec a d'ailleurs sensiblement baissé dans les années suivant l'accession du PQ au pouvoir, en 1976.

Avant d'imaginer des solutions miracles tombées du ciel de la souveraineté, les politiciens québécois devraient mieux assumer les responsabilités qui sont actuellement les leurs. Depuis des années, les immigrants adultes qui veulent suivre des cours de français à leur arrivée doivent attendre des mois, faute de places. Nombreux sont ceux qui se découragent. Pourtant, même lorsque le PQ est au pouvoir, le gouvernement n'investit jamais suffisamment d'argent pour satisfaire ce besoin essentiel. Les conséquences de ce manque sont importantes, comme l'expliquait à *La Presse* un intervenant de ce milieu, Juan José Fernandez, de l'organisme Promotion-Intégration-Société nouvelle (PROMIS), du quartier montréalais Côte-des-Neiges: « Il y a des gens qui attendent pendant six, sept mois pour avoir accès à des cours de français. Puisqu'ils ne peuvent rien faire en attendant, ils nous demandent de les aider à trouver des cours d'anglais. Les jeunes immigrants qui opteront pour l'anglais vont trouver un travail dans cette langue. La plupart du temps, ils seront irrécupérables une fois qu'ils seront intégrés dans la communauté anglophone. »

Le Conseil des relations interculturelles déplore lui aussi l'insuffisance des services de francisation offerts par le gouvernement du Québec, soulignant que Québec reçoit pourtant une généreuse compensation du gouvernement fédéral à cette fin:

> On constate donc que si le pourcentage des immigrants parlant français est en croissance, le nombre absolu de personnes suscep-

tibles de solliciter des cours de français est aussi à la hausse. On devrait donc s'attendre à ce que l'État ajuste en conséquence les services disponibles. Pourtant, lors de la consultation du 15 septembre 2003, plusieurs intervenants ont fait mention de listes d'attente pour l'inscription à un cours de français. On pourrait être tenté d'évoquer les coûts croissants rattachés à ces cours pour expliquer cette baisse de service. Mais le Québec reçoit du fédéral une compensation financière qui est censée couvrir cette hausse de coût. En effet, un des facteurs d'indexation de la formule de compensation financière versée par le gouvernement fédéral au Fonds consolidé du Québec pour l'accueil et l'établissement est basé justement sur la variation du nombre d'immigrants non francophones d'une année à l'autre. Cela explique en partie pourquoi ces montants ont augmenté substantiellement depuis quelques années[9].

Surprise, ce n'est pas Ottawa qu'il faut blâmer !

La loi 101 à la boucherie

Quoi qu'il en soit de l'immigration au Québec, le français sera toujours en situation précaire en Amérique du Nord. C'est la loi du nombre ; celle-ci jouerait de la même manière si le Québec était indépendant. Il reste que, sur le plan linguistique, la situation s'est considérablement améliorée. Aujourd'hui, 81 % des Québécois ont le français comme langue maternelle, et 83 % parlent le plus souvent français à la maison. En comparaison, 8 % des Québécois ont l'anglais comme langue maternelle, et 11 % parlent le plus souvent anglais à la maison. Ces deux dernières proportions sont en baisse.

La plus récente étude de l'Office québécois de la langue française montre que 55 % des allophones qui ont abandonné leur langue maternelle pour une autre langue d'usage ont choisi l'anglais[10]. Des militants ont vu là la preuve que, un quart de siècle après l'adoption de la loi 101, l'anglais conserve un pouvoir d'attraction démesuré. « L'assimilation par la minorité anglo-québécoise de 55 % des immigrants, ça n'a pas de sens. Il n'y a aucun peuple qui est capable de tolérer ça[11] », a déclaré Yves Michaud. Une telle analyse fait abstraction du poids, dans ce pourcentage, des vagues d'immigration antérieures à la loi 101. Une étude plus détaillée, faite par le démographe Charles Castonguay, montre que chez les immigrés d'après 1976 la proportion de passage au français dépasse 65 %, et même 70 % pour ceux qui ont immigré après 2001[12]. M. Castonguay décortique ensuite tout cela de multiples manières pour tenter de démontrer, selon ses habitudes, que tout va mal. Mais le résultat global n'est en rien changé : de plus en plus d'immigrants adoptent le français, tandis que l'anglais, autant comme langue maternelle que comme langue d'usage, est en perte de vitesse.

On dit que la Cour suprême du Canada a « charcuté » la Charte de la langue française. Dans un Québec indépendant, il est vrai, le gouvernement du Québec déciderait de sa politique linguistique sans intervention de cette cour canadienne. Personnellement, j'ai toujours été convaincu qu'Ottawa, gouvernement à majorité anglophone, n'a pas à se mêler du dossier de la langue au Québec. Cela dit, avant d'évoquer les couteaux du boucher, il faut bien mesurer les effets réels des interventions des tribunaux canadiens sur la loi 101.

Réglons pour commencer le cas des Second Cup, Future Shop et autres marques qui irritent tant les francophiles, moi le premier. La multiplication des marques de commerce en langue anglaise n'a rien à voir avec le gouvernement du Canada ou la Cour suprême. Un Québec indépendant ne pourrait rien y changer parce que les marques de commerce sont protégées par le droit international. Après avoir étudié la question il y a quelques années, le Conseil de la langue française avait conclu que « du fait de l'encadrement juridique international qui régit le droit des marques de commerce, tout pays, quel qu'il soit, ne peut exiger, unilatéralement, qu'une marque de commerce ait une version dans sa langue nationale. À titre d'exemple, la Chine, après avoir considéré la possibilité d'imposer la traduction des marques de commerce, y a renoncé[13] ». La Commission des États généraux sur la situation et l'avenir de la langue française au Québec, présidée par le souverainiste Gérald Larose, s'est rangée à cet avis.

Trois pans de la loi 101 ont été affectés par les décisions des tribunaux. D'abord, les articles faisant en sorte que les lois du Québec n'étaient rédigées qu'en français et que le français était la seule langue officielle à l'Assemblée nationale et devant les tribunaux québécois. Il sautait aux yeux dès le départ que ces articles violaient l'article 133 de l'Acte de l'Amérique du Nord britannique, et personne ne fut surpris qu'ils soient déclarés inconstitutionnels. À cet égard, la loi 101 faisait fi des droits acquis des Québécois anglophones. À la suite du jugement de la Cour, le gouvernement Lévesque a amendé la loi en 1979. Ce changement n'a pas fait reculer le français d'un millimètre. Combien de fois entend-on parler anglais à l'Assemblée nationale? Les souverainistes ont d'ailleurs reconnu, depuis, qu'ils étaient allés trop loin. De sorte qu'ils disent aujourd'hui que, dans un Québec indépendant, les anglophones conserveraient les droits linguistiques que leur garantit actuellement la Constitution canadienne[14].

Autre «recul» du français causé par la Cour suprême: l'affichage commercial. La version originale de la loi de Camille Laurin bannissait toute autre langue que le français de l'affichage commercial, tout en prévoyant certaines exceptions. Le plus haut tribunal du pays a estimé que cette mesure était excessive, reconnaissant toutefois que le gouvernement du Québec était justifié de prendre des mesures particulières pour protéger la langue française. Les juges ont suggéré le remède qu'a finalement adopté le gouvernement Bourassa: dans l'affichage commercial, on peut employer d'autres langues, mais le français doit toujours être présent et prédominant. Il se peut que, dans un Québec souverain, le gouvernement puisse revenir à la formulation originale de la loi. J'écris «il se peut», car ce n'est pas certain. Une éventuelle Cour suprême du Québec pourrait fort bien trancher, comme celle du Canada l'a fait, que la loi en question viole la Charte *québécoise* des droits.

L'intention du Dr Laurin était évidemment que l'affichage exprime le visage français du Québec. À cet égard, la situation actuelle n'est pas parfaite. C'est-à-dire qu'à Montréal ce visage n'est pas aussi lisse que certains le souhaiteraient. Il ne fait cependant aucun doute que le français domine très largement, exclusion faite des marques de commerce qui, comme je l'ai expliqué, relèvent du droit international. Et puis, si l'affichage n'est pas unilingue français, c'est que Montréal n'est pas unilingue français. La présence d'une solide minorité anglophone est une caractéristique importante de la métropole, caractéristique que nous aurions tort de cacher.

Ce sont les articles concernant la langue d'enseignement qui constituent la clé de voûte de la législation linguistique québécoise. L'adoption de la Charte canadienne des droits et libertés, en 1982, a forcé l'Assemblée nationale à ouvrir les portes de l'école anglaise un peu plus grand qu'elle ne l'aurait souhaité. Plutôt que d'être réservé aux enfants dont un des parents a suivi la majorité de sa formation élémentaire ou secondaire en anglais AU QUÉBEC, l'accès à l'école anglaise est également ouvert aux enfants dont un des parents a suivi sa formation en anglais AU CANADA. C'est ce qu'on a appelé la « clause Canada ». Encore ici, j'ai toujours pensé qu'il serait préférable que le gouvernement du Québec ait le contrôle de son système d'éducation, sans ingérence du gouvernement fédéral. Par contre, le Québec faisant jusqu'à décision contraire partie du Canada, il me semblait inutilement discriminatoire de priver les Canadiens anglais qui s'installaient en territoire québécois du droit d'envoyer leur progéniture à l'école anglaise. C'est d'ailleurs ce que croyait René Lévesque lui-même[15]. Quoi qu'on pense des principes en cause, il faut soupeser l'effet réel de la « clause Canada ». Les 10 000 élèves nés dans les autres provinces canadiennes qui sont inscrits à l'école primaire et secondaire anglaise au Québec représentent moins de 1 % de l'effectif scolaire. Si on les forçait à aller à l'école française, la proportion d'élèves suivant leurs cours en français passerait de 88,7 % à... 89,6 %. Autrement dit, le charcutage a produit... une égratignure.

Enfin on doit admettre que, du point de vue plus large de la Francophonie, l'entrée en vigueur de la Charte canadienne des droits et libertés a été salutaire en garantissant aux francophones de l'extérieur du Québec le droit de faire éduquer leurs enfants dans leur langue, dans des écoles administrées par des francophones. « Toutes les mesures fédérales ou provinciales qui permettent de renforcer les communautés francophones du Canada favorisent l'épanouissement du français en Amérique du Nord, et par conséquent la position du Québec », rappelle un spécialiste de la législation linguistique, le professeur José Woehrling[16], de l'Université de Montréal.

Deux « tu l'auras » valent mieux qu'un « tiens »

Privés par l'évolution du Québec de l'argument de la « libération », culturelle ou économique, les souverainistes ont dû mettre de l'avant, au fil des ans, de nouveaux arguments. Comme le Québec se porte généralement fort bien merci, ils ont la tâche ingrate de démontrer que les choses iraient encore mieux advenant l'indépendance. Nous entrons alors plus profondément au pays d'Alice! Un dépliant du PQ décrit ce que serait cet extraordinaire Québec indépendant: un Québec de langue française, un Québec démocratique, un Québec ouvert, un Québec pacifique, un Québec solidaire, un Québec productif, un Québec respectueux de l'environnement, un Québec créatif, un Québec fier de ses accomplissements. Or, qu'est donc le Québec d'aujourd'hui, sinon de langue française, démocratique, ouvert, pacifique, solidaire, productif, respectueux de l'environnement, créatif et fier de ses accomplissements? Un Québec souverain pourrait jouir, dans certains secteurs, d'un peu plus de marge de manœuvre qu'aujourd'hui, parce qu'il n'aurait pas le gouvernement fédéral et sa Charte des droits dans les pattes. Mais, comme je l'ai déjà montré pour ce qui est de la langue et de l'immigration, les gains espérés pourraient ne jamais se produire, être insignifiants, ou être annulés par des pertes en d'autres domaines.

Par ailleurs, je comprends mal pourquoi un Québec souverain serait plus démocratique que celui d'aujourd'hui. « La création d'un pays représente une occasion privilégiée d'offrir plus de pouvoirs de proximité aux citoyennes et aux citoyens », dit le dépliant. En quoi cela est-il plus difficile dans une province ? Un Québec indépendant, prétend-on aussi, serait plus soucieux de l'environnement. Pourquoi donc ? Si la Loi québécoise sur la protection de l'environnement a été faiblement appliquée ces dernières années, ce n'est pas à cause du gouvernement fédéral, mais par manque de volonté du gouvernement québécois. Si Hydro-Québec s'est lancée dans le projet du Suroît, ce n'est pas à cause des Canadiens anglais, mais du gouvernement du Québec (celui de Bernard Landry avant celui de Jean Charest). En matière d'environnement d'ailleurs, les compétences complémentaires dont jouissent le fédéral et les provinces ont parfois des effets heureux. Lorsque, fasciné par la possibilité que le Québec profite un jour de la manne gazière, Bernard Landry a pressé Hydro-Québec de forer dans le golfe du Saint-Laurent, ce sont les scientifiques du gouvernement du Canada qui ont freiné ses élans. À juste titre, ils s'inquiétaient pour la précieuse faune marine du golfe, en particulier pour les baleines. M. Landry a alors accusé Ottawa de tous les maux : « Les plateformes de forage seraient déjà à l'œuvre et le gaz aurait déjà jailli si le gouvernement fédéral nous avait traités de façon non discriminatoire. Si le Québec était souverain, le gaz serait déjà dans le pipeline[17]. » C'était avant la conversion de l'ancien chef péquiste à l'écologie…

Comme telle, la souveraineté ne garantit pas que la société québécoise serait plus ou moins égalitaire, plus ou moins écologiste, plus ou moins créative. Tout dépendrait du gouvernement en place, et de la conjoncture. Les souverainistes ont le droit de faire briller leur idéal. Nous verrons dans le chapitre suivant que les fédéralistes ne se privent pas de faire de même. Mais lorsque vient le temps de choisir, les Québécois ne doivent pas se laisser aveugler par des chimères.

Le Québec dans le monde

Dans tout l'argumentaire des penseurs souverainistes, cette affirmation est la moins contestable : un Québec souverain aurait sa place propre sur la scène internationale. Plutôt que de chercher à influencer la politique étrangère canadienne, qui à son tour tente de peser sur l'évolution des affaires du monde, le gouvernement québécois parlerait directement à la planète. Le chef du Bloc Québécois, Gilles Duceppe, affirme :

> Les relations entre États prennent de plus en plus d'importance dans la vie de tous les jours de nos concitoyens. Et le Québec est absent. Ceux qui nous représentent affirment que ce n'est guère important à notre époque. Avec pareils représentants, ces fermiers, ces enfants ou ces retraités qui s'inquiètent et espèrent beaucoup de la mondialisation – comme nous tous – auront sans doute un choix à faire. Voudront-ils laisser faire la mondialisation de M. [Pierre] Pettigrew ou la faire en ayant une emprise sur le phénomène[18] ?

Bien des Québécois sont sensibles à ces arguments. C'est le cas des jeunes, qui sont particulièrement préoccupés par la mondialisation et qui aimeraient voir un Québec social-démocrate faire valoir son point de vue aux tables de négociations. Beaucoup de nationalistes, et j'en suis, ressentiraient une grande fierté à voir le Québec mieux reconnu par le monde. Ne serait-ce pas un fantastique pied de nez au Canada anglais, qui lui n'a jamais voulu reconnaître pleinement la nation québécoise ? Cependant, une fois passé l'excitation du premier discours du président de la République québécoise à l'ONU, qu'auraient vraiment gagné les Québécois ? L'influence du Canada dans le monde n'est pas aussi grande que ce qu'aiment à croire les Canadiens. Mais le Canada jouit, tout de même, d'une crédibilité qu'il a méritée par ses actions militaires, diplomatiques et humanitaires. À ce sujet, l'éloge le plus éloquent qu'il m'a été donné d'entendre a été prononcé en 1994, à la Chambre des communes, par le chef de l'opposition officielle… Lucien Bouchard ! À l'occasion du débat sur le rôle du Canada dans le maintien de la paix dans ce qui fut la Yougoslavie, M. Bouchard a déclaré, avec son éloquence habituelle :

> Le Canada n'en est pas à sa première participation à des opérations de maintien de la paix. Pionniers de ce genre de missions,

nous avons acquis dans ce domaine une expérience et une expertise respectées de par le monde.

(...) Les missions canadiennes de pays ont été, avec l'Agence canadienne de développement international, un grand sujet de fierté canadienne et québécoise. Les deux sont à l'origine de la crédibilité du Canada dans le monde. On a constamment salué le caractère désintéressé et humanitaire de nos interventions internationales. Un prix Nobel n'a-t-il pas été attribué à l'architecte du rôle canadien de gardien de la paix ? Plus que quiconque, Lester B. Pearson symbolise en effet cette nécessaire prise en charge des obligations morales qui incombent aux pays démocratiques.

(...) Le Canada a participé à 44 des opérations des Nations unies depuis la fin de la Seconde Guerre mondiale. On a dit que nous avons joué aux boy-scouts ; le terme fait image, mais je crois qu'il apporte un sens péjoratif à un effort remarquable qui a été consenti par le Canada au plan international[19].

Les souverainistes ont beau rêver avec Gilles Duceppe qu'un Québec souverain contribuerait à une mondialisation plus équitable, son influence serait en réalité minuscule, voire nulle. De toute façon, en ce domaine, les valeurs défendues par le Canada sont exactement les mêmes que celles des sociaux-démocrates québécois.

La politique internationale n'est pas faite pour les naïfs. On y joue dur et l'influence n'est pas déterminée par la générosité des principes que l'on défend, mais par les faits géopolitiques. Un pays est influent s'il est une puissance militaire (régionale ou globale), s'il est riche, s'il dispose de ressources dont les autres pays ont besoin, s'il est peuplé. Où se situerait le Québec sur l'échelle de ces variables ? Du point de vue militaire, nous ne serions rien, tout comme le Canada est peu de chose. Nous aimons bien croire que nous jouons encore un rôle unique en matière de maintien de la paix, mais les choses ont changé. Dix-neuf pays ont des contingents plus nombreux que le Canada dans les missions de paix des Nations unies. Comptant (en juillet 2004) 564 soldats, policiers et observateurs, la contribution canadienne est moins importante que celle de pays tels le Bangladesh, le Ghana, la Jordanie, l'Ukraine, l'Uruguay... Pour ce qui est de faire la guerre, on sait combien le Canada est un joueur mineur; un Québec souverain, avec une armée de 15 000 hommes, serait quatre fois moins important. À peine plus puissant que le Burkina Faso (9000 hommes).

Avec ses 7,5 millions d'habitants, le Québec arriverait au 94e rang parmi les 181 pays membres des Nations unies, juste devant la Suisse et derrière le Burundi et le Bénin. Le Canada d'aujourd'hui se situe au 34e rang. Il est vrai, comme le souligne Jean-François Lisée, qu'en termes de PIB par habitant, le Québec serait un pays riche, arrivant au 10e rang des pays membres de l'OCDE, devant des puissances comme l'Allemagne et la France. Mais justement, si ces pays sont toujours considérés comme des joueurs importants, c'est que sur l'échiquier mondial la richesse par habitant compte pour peu de chose. C'est pourquoi le Luxembourg est une puce sur cet échiquier, même si son PIB par habitant est le plus élevé de l'OCDE. C'est la richesse totale d'un pays, c'est-à-dire sa puissance économique, qui confère de l'influence. À ce chapitre, le Canada arrive actuellement au 9e rang mondial. Un Québec souverain, avec un PIB cinq fois moins important, se situerait autour du 25e rang, là où l'on trouve le Danemark, l'Indonésie, la Pologne. Ce n'est pas rien. Mais face à des mastodontes comme les États-Unis, la Chine, la France, l'Allemagne, le Royaume-Uni, c'est microscopique.

Au sein de l'ALENA, le Canada produit 10 fois moins que les États-Unis et est à peu près à égalité avec le Mexique. Dans un ALENA postindépendance, le Québec aurait un PIB 50 fois moins important que celui des États-Unis, trois fois moins grand que celui du Mexique ou que celui du Canada amputé. La souveraineté permettrait certes au Québec de défendre ses seuls intérêts à la table de négociations, plutôt que de les voir dilués dans l'ensemble des représentations canadiennes. Un point pour la souveraineté. Par contre, le Québec seul aurait moins de poids que le Canada vis-à-vis de ses partenaires. Il aurait notamment moins de monnaies d'échange à sa disposition. Pour ne donner que l'exemple le plus frappant, le Québec n'a ni pétrole ni gaz naturel, dont on sait combien ils sont convoités par les Américains. Le premier ministre du Canada, Paul Martin, a souligné avec justesse à quel point le Canada est bien placé pour se tirer d'affaire dans une économie mondiale qui sera bientôt dominée par la Chine et l'Inde. Le Canada dispose en effet en abondance des ressources naturelles que ces deux puissances montantes convoitent. Il compte sur son territoire d'importantes communautés chinoise et indienne, et sa géographie lui rend accessibles ces marchés lointains. « Nous ferons partie d'un monde de géants, a-t-il dit lors d'une entrevue accordée à *La Presse*. Et vous allez dire à nos enfants qu'on va se diviser et devenir un pays de huit millions, que nous allons nous priver de tous ces atouts ? Jamais les Québécois ne vont accepter cela[20]. »

Il est vrai que la mondialisation a eu un effet stimulant sur les nationalismes. De plus en plus de nations non souveraines et de régions veulent jouer un rôle propre sur la scène internationale ; cela s'appelle la « paradiplomatie ». Au Québec, péquistes et libéraux s'entendent pour réclamer que la province puisse avoir une présence plus autonome au sein des forums internationaux. J'y suis bien entendu favorable, dans la mesure où cela se fera avec le souci de préserver la cohérence de la position canadienne.

Au cours de l'automne de 2005, cette question a refait surface lorsque le ministre des Affaires étrangères, Pierre Pettigrew, a qualifié de « dépassée » la « doctrine Gérin-Lajoie », doctrine découlant d'un discours prononcé en 1965 par le ministre québécois Paul Gérin-Lajoie et qui sert depuis de fondement à l'action internationale du Québec. Selon cette thèse, le Québec devrait être libre d'agir sur la scène internationale dans les domaines qui sont de sa compétence. Comme tant d'autres héritages de la Révolution tranquille, la « doctrine Gérin-Lajoie » est devenue un mythe qu'il est interdit de contester. Pourtant, cette doctrine n'est qu'un principe qui, selon la manière dont on l'interprète, pourrait vouloir dire tout et son contraire. Le gouvernement fédéral ne l'a jamais acceptée, d'une part parce qu'il est maladivement jaloux de ses prérogatives en matière d'affaires étrangères, mais aussi, justement, parce que la portée exacte des propos de Gérin-Lajoie est loin d'être claire. Veut-on que le Québec puisse signer des traités dans ses domaines de compétence sans en référer d'aucune manière au gouvernement fédéral ? Veut-on qu'il siège de manière indépendante dans les organisations internationales qui abordent les questions qui sont sous sa juridiction, sans se préoccuper du point de vue exprimé au nom de l'ensemble du pays par le gouvernement canadien ? Le Québec devrait-il avoir une sorte de droit de veto sur les ententes internationales que s'apprêterait à conclure le gouvernement du Canada et affectant ses domaines de compétence ?

M. Pettigrew a énoncé la contre-doctrine fédérale : « Le Canada doit parler d'une seule voix. » On l'oublie trop souvent au Québec : il est à l'avantage des Québécois que le Canada joue un rôle actif et efficace sur la scène internationale. Cela est d'autant plus vrai que les points de vue défendus par le Canada correspondent presque toujours à l'opinion majoritaire des Québécois (pensons à la guerre en Irak, au protocole de Kyoto...). Or, pour qu'il puisse se faire entendre dans les forums internationaux surpeuplés et dominés par des plus puissants que lui, le Canada doit parler haut et clair. Nous ne pouvons nous permettre que le point de vue national soit embrouillé par les points de vue dissidents des gouvernements provinciaux. Imaginons combien aurait été minée la position canadienne à Kyoto si le gouvernement de l'Alberta avait pu être à la table... M. Pettigrew a donc raison : le Canada doit parler d'une seule voix. Mais Ottawa doit s'assurer que cette voix est fidèle à ce qu'est le Canada : une fédération, caractérisée par la présence d'un État fédéré représentant une société distincte. Pour être authentique, la voix canadienne doit donc s'exprimer en chœur plutôt qu'en solo. C'est pourquoi il serait avantageux que le fédéral et le gouvernement du Québec concluent une entente définissant précisément le rôle que pourrait jouer le Québec dans les forums internationaux, comme l'a proposé le gouvernement Charest[21]. Au moins, cela permettrait d'éviter les chicanes qui éclatent immanquablement à la veille de chaque rencontre internationale à laquelle le Québec veut être invité.

Pour sa part, le gouvernement du Québec ne doit pas seulement viser une visibilité accrue ; il doit chercher à jouer un rôle plus important au sein de la délégation canadienne, de sorte que les prises de position du Canada soient constamment branchées sur celles du Québec. Une approche qui chercherait seulement à montrer le drapeau du Québec sur les tribunes internationales ou qui revendiquerait une autonomie excessive dans le domaine des affaires étrangères pourrait avoir des effets pervers. En ne s'intéressant plus qu'à faire des beaux discours dans les capitales du monde, les politiciens québécois pourraient en venir à perdre un poids réel au sein de la diplomatie canadienne. Le gouvernement fédéral pourrait en effet décider de s'occuper « des vraies affaires », laissant les Québécois « faire leur show » tout en ignorant leur point de vue. Tout occupés à jouer les grands diplomates, nous nous rendrions compte trop tard que le train est passé.

On nous indique l'exemple de la Belgique : les communautés fédérées y ont obtenu le droit de signer des traités internationaux dans leurs domaines de compétence, la culture et l'enseignement. On me permettra d'être extrêmement sceptique quant à l'influence que cela a donnée à la Wallonie sur l'évolution de la mondialisation...

S'il est vrai que les États-régions jouent du coude pour accéder à la scène principale, les États-nations, eux, estiment de plus en plus que pour peser sur la mondialisation ils sont mieux avisés de s'associer à d'autres. C'est ainsi que les pays du Sud, sous le leadership du Brésil, de l'Inde et de la Chine, ont constitué le « groupe des 21 », dont l'influence est désormais incontournable à l'Organisation mondiale du commerce. Du côté européen, le projet de constitution prévoyait la création d'un poste de « ministre des Affaires étrangères de l'Europe ». Dans son essai *Ce monde qui vient*, l'économiste

Alain Minc invite la France à une politique étrangère moins bruyante... et plus efficace : « Si nous voulons peser, fût-ce marginalement, sur les affaires du monde, ce ne peut être qu'en nous projetant à travers l'Union européenne. » Si ce principe – l'union fait la force – vaut pour la France, il faudrait être bien présomptueux pour croire que le Québec peut se permettre de l'ignorer. Le Québec aura plus d'influence dans le grand jeu de la mondialisation en participant pleinement à la politique extérieure du Canada. À cet égard, le raisonnement que faisait Pierre Trudeau il y a plus de quarante ans vaut toujours aujourd'hui : « Somme toute, ceux qui demandent que la voix des Canadiens français soit entendue dans le concert des nations devraient se réjouir de ce que notre communauté, à qui la nature n'a légué que des cordes vocales en nombre modeste, possède dans le Canada une caisse de résonance et à Ottawa un amplificateur en état de servir[22] ! »

Exit l'association

L'Europe a longtemps servi de modèle aux apôtres de la souveraineté. S'il a été possible pour les pays européens de s'associer étroitement tout en préservant leur indépendance politique, disaient-ils, ce sera sûrement possible pour le Québec et le reste du Canada. À cet argument, les fédéralistes répondaient deux choses. Un : l'Union européenne marche inéluctablement vers une organisation fédérative. Pourquoi le Québec se séparerait-il du Canada pour ensuite recréer une association qui évoluerait naturellement vers la fédération ? Deux : on ne peut comparer une union composée de plusieurs pays, où le nombre permet d'accorder à chaque pays, juridiquement, un poids égal, à une union qui ne compterait que deux partenaires. Dans une association Canada-Québec, pourquoi diable le Canada accepterait-il d'accorder au Québec – quatre fois moins peuplé et en déclin démographique – une influence égale à la sienne ?

L'affaire est passée inaperçue, mais n'est pas banale : les souverainistes viennent de concéder la victoire aux fédéralistes dans ce débat. Bernard Landry lui-même, longtemps promoteur d'une « union confédérale », a laissé tomber l'idée : « On ne peut concevoir les relations entre deux pays comme les relations entre 30 pays[23] », a-t-il convenu après la publication du projet de Constitution proposée pour l'Europe. Dans une lettre ouverte, 14 députés du Bloc Québécois ont conclu que le modèle européen ne pouvait plus servir d'inspiration au Québec parce que « les dirigeants européens ont fait le choix de procéder à une fédéralisation en douce de leur Union[24] ». On sait que le projet de Constitution européenne a depuis échoué avec le NON français et le NON hollandais. Cependant, l'intégration européenne est déjà beaucoup plus poussée que ce dont rêvent les souverainistes, qui ne semblent pas réaliser ce que la mise en place d'une monnaie et d'un marché communs exige comme abandons de la souveraineté nationale[25]. On constate d'ailleurs que le PQ accorde désormais beaucoup moins d'importance à l'éventuelle association que conclurait un Québec indépendant avec le reste (les restes...) du Canada. L'héritage des deux chefs les plus populaires de l'histoire de la formation, René Lévesque et Lucien Bouchard, a ainsi été définitivement largué[26].

C'est en inventant le concept de souveraineté-association que René Lévesque a sorti le mouvement indépendantiste de la marginalité, en 1968. Il y a eu à l'époque, et pendant des années par la suite au sein du PQ, de longs débats sur le lien entre les deux faces de la formule, mais René Lévesque a toujours tenu mordicus au trait d'union : son concept constituait un tout. M. Lévesque envisageait même que le nouvel ensemble puisse s'appeler « l'Union canadienne ».

C'est en insistant pour que le camp souverainiste intègre à sa proposition le concept de « partenariat économique et politique » que Lucien Bouchard a sauvé le camp du OUI, qui plafonnait à 40 % quelques mois avant le référendum de 1995. Le partenariat faisait partie de la question posée aux Québécois cette année-là, et se trouvait dans le programme du PQ jusqu'à l'an dernier. À la suite d'une victoire référendaire, un gouvernement péquiste était tenu d'offrir au reste du Canada « un nouveau partenariat économique et politique, en s'inspirant notamment du modèle de l'Union européenne ». Tout cela a disparu lors du congrès du PQ en 2005. Le programme indique maintenant qu'après un OUI le gouvernement du PQ devrait seulement « manifester la volonté du gouvernement du Québec de négocier et de conclure un accord international visant le maintien de la liberté de circulation des personnes, des biens, des services et des capitaux entre le Québec et le Canada ». Il n'y aura plus d'obligation de faire une offre, et encore moins celle d'un résultat, implicite dans la démarche de Lévesque. Il n'y aurait pas non plus de référendum pour approuver l'éventuel accord d'association. C'est François Legault qui a le mieux résumé l'évolution de la pensée péquiste, en entrevue au *Devoir* : « Ça n'existe pas, la souveraineté-association. On ne peut être à la fois souverainiste et fédéraliste. » Et de minimiser aussi un éventuel partenariat : « Nous, ce qu'on souhaite, c'est un partenariat avec le monde, la souveraineté-partenariats avec un "s". »

Voilà qui a l'avantage d'être clair. Ce que le PQ propose maintenant, c'est l'indépendance pure, assortie éventuellement d'une zone de libre circulation des biens, des personnes et des capitaux avec le reste du Canada, selon un calendrier et des modalités qui ne sont définis d'aucune façon. Cette radicalisation de l'option du PQ devrait suffire à en éloigner les nombreux Québécois qui, parfois tentés par le OUI, se disent néanmoins (selon les coups de sonde de Léger Marketing) fiers d'être Canadiens et souhaitent que le Québec demeure une province du Canada.

Le trou noir

C'est en faisant pas à pas ce tour d'horizon au cours des dernières années que j'en suis arrivé à la conclusion que, compte tenu des formidables progrès accomplis par le Québec depuis la Révolution tranquille, les gains potentiels de la souveraineté sont au mieux minuscules, et certainement très incertains. Et cela, même si tout se passe bien. Or, selon toute probabilité, les choses ne se passeront pas bien.

Au cours d'une entrevue au *Devoir*, l'ancien président du PQ Jacques Parizeau montra avec fierté au journaliste une série de dossiers bleus posés sur un classeur : « Il y en a un sur l'organisation du service des postes, un autre sur la garde côtière, un troisième sur des scénarios possibles pour les forces armées, d'autres encore sur la police, les tribunaux judiciaires... Si les Québécois disaient OUI, tout cela se mettrait à rouler. » Songeons à cela : est-ce là que les Québécois veulent investir leurs énergies dans les prochaines années, lourdes de défis pour toutes les sociétés ? Monter un service des postes, une garde côtière, des forces armées ? Le Québec a d'énormes problèmes à régler dans les domaines de la santé, de l'éducation, du développement des régions... et nous consacrerions tout notre temps à débâtir et à rebâtir des organisations qui fonctionnent fort bien merci ?

À quiconque s'imagine que le démantèlement de la relation Canada-Québec serait une chose simple, je suggère d'étudier ce qui s'est passé lors des fusions et défusions municipales... et de multiplier cet embrouillamini par un million. Défaire des institutions vieilles de plusieurs décennies, démanteler de grosses machines bureaucratiques coûte inévitablement très cher et prend beaucoup de temps. Si les gains attendus sont importants, tant pis ! Mais qui croit que Postes Québec serait plus efficace que Postes Canada ? Dans ses « Finances d'un Québec souverain », François Legault postule que le gouvernement du Québec indépendant garderait à son emploi tous les fonctionnaires québécois travaillant pour le fédéral, cela sans augmentation de coûts, grâce à l'attrition due au vieillissement des deux fonctions publiques. Admettons cette hypothèse. Il se posera tout de même un problème de taille : rien ne dit que les fonctionnaires québécois œuvrant pour le fédéral ont les compétences et l'expertise appropriées pour combler les besoins qu'aura le gouvernement du Québec indépendant. Ce n'est pas parce qu'il se trouve 36 000 employés du fédéral au Québec que ces personnes pourront répondre précisément à tous les besoins. Il s'ensuivra nécessairement un gigantesque jeu de chaises musicales, avec à la clé des coûts de formation exorbitants.

L'exemple le plus complexe concerne les forces armées. Selon les études faites à la veille du référendum de 1995, reprises par le « budget Legault », un Québec souverain hériterait d'environ 15 % des dépenses et du personnel des Forces armées canadiennes. Cette évaluation est défectueuse à deux égards. D'abord, ce 15 % exclut toutes les dépenses imputées à l'état-major de la Défense nationale parce que ces dépenses sont faites à Ottawa, donc en Ontario. Il est pourtant patent qu'une partie de ces dépenses profite au Québec. La nouvelle armée québécoise n'aura-t-elle pas d'état-major? Deuxième faille: on tient pour acquis que les militaires québécois qui viendront servir sous le drapeau du nouveau pays composeront un ensemble cohérent, une armée. Or, il est bien évident qu'il y aura à certains endroits des pénuries et à d'autres des surplus. Ce qui vaut pour le personnel vaudra aussi pour les équipements. De combien de F-18 le Québec héritera-t-il? Cela suffira-t-il pour faire une chasse crédible? Encore là, la phase d'ajustement risque d'être longue, complexe et coûteuse.

Voilà pour les obstacles bureaucratiques. Mais c'est du point de vue politique que les choses risquent d'être plus difficiles. Surtout si, comme c'est probable, la majorité du OUI était faible. Il est certain que le reste du Canada acceptera très mal le résultat. Ottawa n'enverra pas l'armée. Mais dire cela n'est pas la même chose qu'annoncer, comme le font les souverainistes, une réaction froide, raisonnable et rationnelle. « [Une victoire du OUI] sera accueillie au Canada et traitée sans doute avec une certaine dose d'émotivité, mais rien ne permet de dire que les Canadiens perdront la raison et le sens de leurs intérêts[27] », écrivait l'ancien ministre des Finances, Jean Campeau. On se berce ici d'illusions. Imaginez comment nous, Québécois, réagirions si se créait un nouveau pays qui coupe notre territoire en deux! Il suffit de se rappeler les vives réactions suscitées par l'entente de principe signée avec les Innus de la Côte-Nord, entente qui ne faisait qu'accorder certains droits limités aux Autochtones. Même Jacques Parizeau est monté aux barricades !

« L'idée d'un Canada d'un océan à l'autre est profondément implantée dans la culture populaire au Canada anglais, rappelle le politologue Philip Resnick. L'idée d'un Québec indépendant est donc perçue comme l'équivalent chirurgical de l'ablation d'un membre ou d'un organe vital. Ce serait la "pakistanisation" du Canada, une entité étrangère coupant désormais les provinces atlantiques du reste du pays[28]. »

Selon le score, selon l'évolution de la campagne, selon l'état d'esprit des gens, il y aurait des mois, voire des années de blocage : invocation de la Loi sur la clarté, recours aux tribunaux, etc. Des négociations s'amorceraient sans doute, mais elles seraient inévitablement longues et difficiles. Le tout serait compliqué par la réaction des millions de Québécois qui auraient voté NON. Certains se rallieraient certainement. D'autres partiraient. Selon un sondage Léger Marketing réalisé en mai 2005, 17 % des non-francophones disent qu'ils quitteraient « certainement » le Québec si celui-ci deviendrait un pays indépendant. Dans bien des cas, il s'agit sans doute d'une menace qui ne se concrétisera pas. On sait toutefois que, après l'élection du premier gouvernement du PQ, des dizaines de milliers d'anglophones ont quitté la province. Il est donc probable que le phénomène se reproduise. Supposons que seulement le quart des 17 % de non-francophones qui menacent de quitter « certainement » le Québec le fassent réellement ; cela ferait une émigration de 50 000 personnes, sans doute parmi les plus riches et les mieux formées. C'est une perte qu'un petit pays comme le Québec pourrait difficilement se permettre.

Selon M. Campeau et bien d'autres souverainistes, les Canadiens anglais comprendront qu'il est dans leur intérêt que la séparation se fasse dans l'harmonie. En effet, on peut être sûr que le Canada anglais pensera à ses intérêts. Et cela se reflétera d'abord à la table de négociations. À cet égard, les Québécois devraient garder à l'esprit ce commentaire du chroniqueur Jeffrey Simpson :

> Je me souviens d'avoir entendu avec horreur Lucien Bouchard lors de la dernière campagne référendaire expliquer à ses auditeurs comment le reste du Canada réagirait si le Québec votait en faveur de la séparation. On aurait dit Napoléon décrire les Anglais comme une « nation de commerçants », voulant dire par là que nous nous installerions confortablement à la table des négociations, aborderions chacune des questions soulevées par le Québec exactement dans le sens souhaité par le Québec, le tout suivi par de bonnes poignées de mains. Le fait que nous [les gens hors Québec] pourrions avoir quelques éléments bien à nous à négocier et que nous ne verrions certainement pas les choses du même œil que Bouchard n'a jamais fait l'objet d'explications[29].

Depuis que le monde est monde, lors des négociations internationales, le pays le plus peuplé, le mieux armé, le plus riche a l'avantage. Assis à la table face au Canada, le Québec ne serait bien sûr pas dépourvu de cartes. Mais les données objectives ne lui seraient pas favorables : 7,5 millions d'habitants contre 24,5 millions ; une production quatre fois moins importante ; 35 % des exportations québécoises sont destinées au reste du Canada (dont 22 % à l'Ontario), tandis que seulement 7 % des exportations du reste du Canada sont vendues au Québec, et seulement 12 % des exportations totales de l'Ontario[30]. Il y a donc bel et bien dépendance mutuelle, comme aiment à le souligner les souverainistes, mais l'une des parties est sensiblement plus dépendante que l'autre...

L'exemple du « divorce de velours »

Quand on leur parle de tout cela, certains souverainistes ont leur réponse toute prête : « Regardez le "Divorce de velours" entre la République tchèque et la Slovaquie. » Allons-y voir...

La première chose qui frappe lorsqu'on s'informe un peu sur ce « divorce », c'est combien les fondements mêmes de la situation sont différents de ce qu'on trouve au Canada. En 1990, après la chute du Rideau de fer, la Tchécoslovaquie, comme tous les pays de l'Est, entre dans une phase de restructuration de grande ampleur. Le gouvernement, l'économie, la société, tout change. Lorsque les dirigeants tchèques et slovaques décident de la séparation, ils ne choisissent pas entre la stabilité et la prospérité d'une part, et les risques d'un bouleversement d'autre part. Tout est déjà bouleversé, tout est déjà à reconstruire. Économiquement parlant, Tchèques et Slovaques n'ont rien à perdre. Cela est encore évident aujourd'hui : les PIB par habitant de la Tchécoslovaquie et de la Slovaquie atteignent à peine 54 % et 42 % de celui du Canada.

Autre grande différence : en Tchécoslovaquie, les politiciens de part et d'autre souhaitaient le divorce. Cela rendait évidemment le processus de séparation moins conflictuel. Relent de l'autoritarisme passé, les populations ne furent jamais consultées, bien que les sondages aient toujours indiqué qu'elles ne souhaitaient pas la séparation. Il faut aussi souligner que la Slovaquie et la République tchèque comptaient, avant la séparation, peu d'habitants de l'autre nationalité sur leur territoire ; un autre facteur qui tendait à rendre le divorce moins complexe et douloureux[31]. Les Tchèques représentaient à peine 1 % de la population de la Slovaquie avant la séparation ; depuis le divorce, cette petite population d'origine tchèque a perdu 16 % de ses effectifs…

Il est impossible de faire le bilan complet du divorce, ne serait-ce qu'en raison de l'absence de statistiques fiables sur l'état des composantes tchèque et slovaque à l'époque communiste. Ce qu'on sait, c'est que la transition vers l'économie de marché fut considérablement plus pénible en Slovaquie, partie la moins peuplée et la plus pauvre du pays défait, qu'en République tchèque. En Slovaquie, le chômage a grimpé jusqu'à dépasser les 19 % en 2000, alors qu'en République Tchèque le taux de chômage est toujours resté sous les 9 %[32]. Après une réforme radicale, comprenant notamment une augmentation de la taxe de vente nationale et un taux d'imposition unique, la Slovaquie connaît maintenant une croissance rapide. Les investisseurs étrangers y sont attirés par les bas salaires payés aux travailleurs locaux, le tout favorisé par l'adhésion de la Slovaquie à un ensemble plus grand (!), l'Europe. Mais le taux de chômage demeure au-dessus de 17 %. Bref, du point de vue économique, pour la plus faible des deux composantes de l'ancienne Tchécoslovaquie, le passage à la souveraineté s'est fait sur du papier sablé plutôt que sur du velours.

À ce sujet, l'opinion exprimée par Georges Von Drejs, un Québécois né à Prague, est instructive :

> La séparation de 1993 se déroula dans la quasi-cordialité. Les derniers détails réglés, on se fit l'accolade et on se souhaita la meilleure chance. La République tchèque connut rapidement une croissance économique considérable, les investissements étrangers affluèrent et Prague retrouva son éclat du siècle précédent en un temps record. Pendant ce temps, la Slovaquie prit le chemin du déclin économique. Le niveau de vie baissa de 23 %, dès 1995, et le taux de chômage grimpa à des niveaux sans précédent. Les Tchèques se mirent à « importer » de la main-d'œuvre slovaque qui se bouscule toujours aux portes des bureaux d'entreprises tchèques à Bratislava. Les Slovaques expriment cette réalité économique de diverses façons : le médecin slovaque gagne 50 % du revenu de son ex-collègue d'université tchèque ; il faut huit semaines de travail à un Slovaque pour acheter une lessiveuse alors qu'il en faut cinq à un Tchèque ; deux ans de travail d'un Slovaque contre 15 mois pour un Tchèque pour acheter la même auto Skoda et – beaucoup plus grave dans un pays qui adore ce breuvage – le salaire d'un Slovaque permet d'acheter 1666 bières contre 3151 pour un Tchèque[33] !

L'exemple du « divorce de velours » n'a donc rien de rassurant pour la population québécoise. D'ailleurs, en privé, bien des souverainistes conviennent que la transition vers la souveraineté sera ardue, complexe et coûteuse. Pendant tout ce temps, le gouvernement du Québec se consacrerait à tout sauf aux dossiers qui sont prioritaires pour le bien-être de la population et pour la prospérité économique, sociale et culturelle du Québec. Et tout cela pour quoi ? Tout cela pour se retrouver, disons, en 2020, avec un pays souverain, certes, mais sans influence, à l'économie fragile, dont les citoyens ne vivraient pas mieux que vingt ans auparavant, et lié au Canada par une forme d'association possiblement moins fonctionnelle que la fédération née en 1867.

Ce n'est pas pour rien que les souverainistes dépeignent leur futur pays comme un paradis. S'ils faisaient face à la réalité, c'est-à-dire à la probabilité que la souveraineté n'améliorerait pas la qualité de vie des Québécois, ils devraient admettre que leur objectif ne justifie en rien les années de sacrifice que la transition imposera.

CHAPITRE III

Le meilleur pays au monde

Pour répliquer au paradis que faisaient miroiter aux Québécois les souverainistes, des fédéralistes ont construit leur propre pays mythique : un Canada d'harmonie parfaite, de tolérance, de prospérité et de liberté inégalées. L'image n'est pas fausse : le Canada est effectivement un pays exceptionnellement prospère et pacifique. Mais, du point de vue des Québécois, même de beaucoup de fédéralistes, c'est aussi le pays qui a toujours refusé de reconnaître formellement leur différence, qui a longtemps manifesté du mépris à leur endroit et qui a résisté à leurs moindres avancées. Ainsi, en décrivant un Canada idéal, les fédéralistes n'ont pas séduit les Québécois, ils les ont perdus. Ils ont donné l'impression qu'ils ne vivaient pas sur la même planète, qu'ils ne les comprenaient pas. Qu'ils regardaient de haut une frustration pourtant légitime.

Il faut dire que cette vision-là du Canada, c'est souvent celle de privilégiés. Des gens parfaitement bilingues, pour qui la langue n'a jamais été un obstacle. Des gens qui ont voyagé à travers le pays, de sorte qu'ils savent de quoi ils parlent lorsqu'ils évoquent avec émotion « leurs » Rocheuses. Or, encore aujourd'hui, à peine 37 % des Québécois francophones sont bilingues, et la grande majorité d'entre eux connaissent beaucoup mieux la Floride et la France que la Colombie-Britannique. Les Québécois francophones sont tout de suite émus lorsqu'ils entendent Vigneault ; ce nationalisme-là part de racines profondes, et n'a nul besoin de stimulants artificiels. Tel n'est pas le cas du sentiment canadien ; combien de Québécois connaissent Gordon Lightfoot ? Ou vibrent en entendant Anne Murray ?

Le nouveau nationalisme canadien, celui que nous a légué Pierre Trudeau, repose paradoxalement sur l'éloge d'un État postnational, d'un pays qui a dépassé l'État-nation. Les vertus spécifiques du projet canadien – qui sont réelles, et sur lesquelles je reviendrai – sont soulignées à gros traits rouges, de sorte que le Canada est décrit comme un pays exceptionnel. Le ministre fédéral Stéphane Dion parle « d'un des meilleurs principes d'entraide que l'esprit humain ait inventés », d'« une grande réalisation humaine », d'« un exploit humain tout à fait unique[1] » ! « Évoquer le Canada, écrit son collègue Pierre Pettigrew, c'est donner libre cours à son espoir, c'est déployer toutes ses capacités de rêve, c'est croire qu'on a enfin trouvé le lieu où les plus nobles idéaux individuels et collectifs ont une possibilité réelle de se concrétiser[2]. »

Comme l'intellectuel John Ralston Saul, Pettigrew est ému par les origines anglaises et françaises de la Confédération, en particulier l'alliance fructueuse entre Louis-Hippolyte La Fontaine et Robert Baldwin. « À l'évidence, ce que les Canadiens français et anglais de l'époque ont rejeté, c'est donc l'assimilation d'une culture par une autre. Ils ont rejeté l'objectif de créer *une seule* nation appelée à coïncider avec l'État. Ce choix devait permettre une forme de pluralisme que les États *normaux* ne tolèrent pas et qui, en notre ère de mondialisation, procure aux Canadiens une longueur d'avance[3]. » Il y a dans cette description une idéalisation qui éloigne du fédéralisme de nombreux Québécois. Car enfin, les velléités d'assimilation, ou du moins de marginalisation des Canadiens français, n'ont pas disparu du jour au lendemain en 1867 !

Si le Canada est bien un projet original, son nationalisme, sous son camouflage postnationaliste, est d'une grande banalité : il s'agit d'attribuer au pays et à ses habitants des qualités hors du commun. Ainsi en est-il lorsqu'une catastrophe naturelle frappe – les inondations au Manitoba en 2000, le verglas au Québec et en Ontario en 1998 – ; on vante la solidarité « typiquement canadienne ». Il est pourtant patent qu'il s'agit de traits universels. De même, le système de santé canadien est présenté comme le résultat de la générosité particulière des Canadiens, alors qu'il existe dans d'autres pays des systèmes de santé aussi équitables, et parfois plus efficaces.

Le Canada est bien sûr un pays riche, et beaucoup de ses habitants profitent de cette prospérité. Mais le pays a aussi ses côtés sombres ; pensons au sort réservé pendant des décennies aux Autochtones du pays, à la pauvreté inadmissible qui subsiste dans les villes, au déclin économique, social et démographique de régions entières. Bref, il est grossièrement exagéré de prétendre, comme l'a fait Jean Chrétien tout au long de sa carrière politique, que le Canada est « le meilleur pays au monde ». On devrait du même coup cesser de soutenir que le nationalisme est une « tare » typiquement québécoise, comme si les Canadiens anglais n'y succombaient jamais. On en a eu une preuve récemment, lorsque des commentateurs en vue ont exigé que la future gouverneure générale, Michaëlle Jean, renonce à sa citoyenneté française pour prouver sa loyauté envers le Canada.

De toute façon, pour les Québécois, toutes les réussites canadiennes sont assombries par l'incapacité d'en arriver à une entente sur la place du Québec au sein du Canada. Le pays de la tolérance a de toute évidence bien du mal à tolérer cette société distincte ! Si les Canadiens anglais ont fini par accepter de partager le nord du continent avec les francophones, ce n'est pas toujours par idéal ou magnanimité, comme le laissent entendre Saul et Pettigrew : c'est au contraire souvent parce que les circonstances – la menace américaine, notamment – le leur ont dicté.

Les défenseurs du Canada insistent avec raison sur la capacité d'adaptation et sur l'évolution continue du fédéralisme. Mais ils passent trop vite sur les errements qui ont aussi marqué cette histoire. On peut bien ranger au grenier de l'histoire le rapport Durham, ou l'exécution de Riel, ou le règlement XVII. Mais comment oublier 1982 (le rapatriement de la Constitution sans l'assentiment de l'Assemblée nationale), ou 1990 (l'échec de l'accord du lac Meech) ? En ces deux occasions, c'est la vision québécoise du Canada, celle du pacte entre deux peuples fondateurs, qui a été rejetée ;

cela ne peut pas ne pas laisser de cicatrices. De même qu'ont laissé des marques certains des propos entendus à cette époque au sujet du Québec. Alors président d'un comité parlementaire qui tentait de dénouer l'impasse de Meech, Jean Charest n'en revenait pas des affirmations faites par des témoins, par exemple cette militante féministe du Manitoba selon laquelle l'article sur la société distincte pourrait permettre au gouvernement du Québec d'interdire l'avortement, au mépris des droits des femmes.

Engagés à d'autres époques dans des exercices de consultation similaires, deux autres fédéralistes convaincus, André Laurendeau et Solange Chaput-Rolland, ont de même ressenti un choc en pénétrant au Canada anglais. « [L]a densité, la profondeur de l'ignorance et des préjugés sont vraiment insondables, et même si des sociologues pouvaient nous expliquer le pourquoi des choses, il reste que ces choses sont difficiles à subir et à vivre[4] », confiait Laurendeau au journal tenu pendant les audiences de la Commission royale d'enquête sur le bilinguisme qu'il a coprésidée de 1964 à 1967. Membre d'une autre commission d'enquête sur l'avenir du Canada, tenue une décennie plus tard, Mme Chaput-Rolland avait conclu : « La crise canadienne n'est pas le résultat de la grossièreté d'une minorité, mais de la mauvaise volonté de la majorité[5]. » À mon avis, il ne faut ni donner trop d'importance à la grossièreté de quelques-uns ni feindre que la majorité canadienne-anglaise n'a jamais manifesté de mauvaise foi. Il ne faut surtout pas minimiser le défi considérable que constituera toujours la coexistence de gens d'origines culturelles distinctes, justement parce que de part et d'autre subsistent des différends, des rivalités, des jalousies et des préjugés.

J'ai raconté en introduction combien, comme tous les Québécois, j'avais été blessé par le rejet de Meech. Encore aujourd'hui, j'ai du mal à comprendre comment quelques politiciens – Wells, Carstairs... – ont pu faire dérailler Meech sous prétexte que l'accord allait conférer au Québec un statut particulier incompatible avec l'idéal canadien. Derrière cette opposition, bien sûr, il y avait celle de leur maître à penser, Pierre Trudeau, qui ne pouvait souffrir que triomphe une vision du Canada différente de la sienne. En s'opposant à Meech, Trudeau fit plus que n'importe quel autre personnage politique pour accroître l'attrait de l'idéologie souverainiste.

Dans mes conversations avec des politiciens fédéralistes tels que Pettigrew et Dion, je me fais souvent répondre, lorsque j'aborde cette question, qu'on ne devrait pas accorder autant d'importance au désaccord philosophique entre Canadiens anglophones et Québécois francophones. « La force d'une identité tient plus à sa capacité de refléter les réalités d'une société qu'au statut constitutionnel qu'elle se donne ; les faits importent davantage que leur expression plus ou moins formelle[6] », écrit Pettigrew. Il est vrai que le rapatriement de 1982 et l'échec de Meech n'ont eu aucun effet sur la vie quotidienne des Québécois. Depuis ces événements, le Québec a connu une période de grande prospérité. Ses artistes, ses gens d'affaires, ses savants font de plus en plus leur marque partout dans le monde. Il y a eu bien des désaccords entre le gouvernement du Québec et le gouvernement fédéral, mais beaucoup de ceux-ci ont été réglés après quelques mois ou quelques années de discussions. Bref, malgré la description apocalyptique que font les souverainistes de la situation, le Québec et ses habitants se portent fort bien. Claude Ryan, qui s'est beaucoup investi dans ces débats, en était venu à prendre conscience de l'importance bien relative des textes constitutionnels. Il écrivait, quelques mois avant le référendum de 1995 :

> Dans les sociétés politiques de type libéral, la plus grande partie de l'activité humaine échappe à l'emprise directe des constitutions et du pouvoir politique. Laisser croire qu'un changement constitutionnel, dût-il être l'accession à l'indépendance, procurerait à cet égard des améliorations radicales dans un pays où règne déjà une mesure très élevée de liberté, c'est véhiculer des vues remplies d'illusions, voire de dangers, sur le rôle des structures et des lois dans une société fondée sur des principes de liberté[7].

Alors, pourquoi se préoccuper de l'impasse constitutionnelle ? Parce qu'un pays n'est pas fait que de prospérité et de programmes gouvernementaux ; il doit, en définitive, reposer sur une vision commune. Une constitution a pour fonction d'enchâsser cette vision partagée. En période de crise interne, les différentes composantes d'une société se reconnaissent au moins dans ce texte fondamental, dans le rappel qu'elles y trouvent des raisons qui ont motivé leur union ; cela facilite le règlement de la crise. Or, au Canada, la Constitution divise autant qu'elle unit. Comme il y a désaccord sur la nature même du pays, comme la Constitution ne reflète plus une entente profonde et sincère entre les deux peuples fondateurs mais renvoie au contraire à l'impossibilité d'une telle entente, elle aggrave les crises plutôt que d'en faciliter la résolution.

À ce sujet, Stéphane Dion m'a référé au livre *The Silence of Constitutions* du politologue britannique Michael Foley[8]. Il m'a fallu un certain temps pour mettre la main dessus. Sur le site Web Amazon, il est inscrit comme épuisé. Il n'est pas facile non plus d'en dénicher un exemplaire dans les bibliothèques publiques. Non sans nostalgie, je me suis retrouvé, un matin d'automne, à la bibliothèque des sciences humaines de l'Université de Montréal, mon alma mater. C'est là que j'ai pu lire cette plaquette. Dion avait raison, la thèse de Foley est fascinante.

On sait que les constitutions sont faites à la fois de règles écrites – dans un ou plusieurs textes – et de principes non écrits, dits conventions constitutionnelles. Michael Foley met en évidence une troisième composante des constitutions, elle aussi non écrite, mais distincte des conventions : des « questions pendantes » (*constitutional abeyances*). « Ces "ententes" (...) ne sont pas écrites parce qu'il est admis que toute tentative de les définir serait non seulement sans utilité ou impossible, mais certainement malavisé et possiblement dangereux pour la constitution elle-même », explique l'universitaire. Il s'agit donc de questions au sujet desquelles les auteurs d'une constitution n'ont pu s'entendre formellement ; ils ont préféré les laisser en suspens, de crainte de voir s'effondrer l'édifice. Autrement dit, on s'est entendu pour ne pas s'entendre. Il peut s'agir de contradictions entre les différents idéaux qu'on cherche à atteindre, contradictions impossibles à résoudre sauf au prix d'interminables déchirements. Entrent aussi dans cette catégorie les évolutions politiques qui contredisent le texte de la constitution et qu'il serait extraordinairement compliqué de consigner par écrit. Foley cite de nombreux exemples, tirés autant de la Constitution non écrite du Royaume-Uni que du texte généralement jugé comme le plus achevé, la Constitution des États-Unis d'Amérique : les pouvoirs accrus du président américain, la contradiction flagrante entre l'idéal démocratique des Américains et le pouvoir des juges de la Cour suprême, le pouvoir considérable du Cabinet anglais dans un régime pourtant fondé sur la suprématie du Parlement, etc. L'existence de ces questions laissées en suspens n'est pas considérée comme un défaut, mais comme un atout : « Si une constitution n'a pas cette capacité d'accommoder les contradictions ou d'admettre la coexistence de points de vue apparemment incompatibles, elle est probablement plus faible et moins adaptable. »

La Constitution canadienne est, elle aussi, pleine de « questions pendantes ». La monarchie en est une : en principe, le gouverneur général jouit d'un pouvoir considérable, alors qu'on sait qu'il n'en est rien en pratique. Les politiciens savent que réécrire la Constitution pour mieux refléter la réalité mènerait nécessairement à d'interminables chicanes ; ils préfèrent laisser le sujet en plan, attitude qui ne nuit en rien, au contraire, au bon fonctionnement des institutions fédérales. Les caractéristiques particulières du Québec sont, elles aussi, un sujet laissé en suspens. Comme nous l'avons vu plus haut, l'Acte de l'Amérique du Nord britannique (AANB) reconnaît ces caractéristiques dans les faits – c'est même la différence québécoise qui a forcé les Pères à choisir la fédération plutôt que l'union législative – mais pas dans les principes. De 1867 à 1982, la chose pouvait paraître acceptable, puisque de toute façon l'AANB est un document dépourvu de grandiloquentes déclarations de principe. Toutefois, dès le moment où, sous l'impulsion de Pierre Trudeau, on a fait de la Constitution canadienne un document philosophique autant que pratique, à l'image de la Constitution américaine, l'absence de reconnaissance du statut distinct du Québec devenait intolérable.

La thèse de Foley est donc séduisante, mais à mon avis ne s'applique pas lorsqu'il s'agit de questions aussi sensibles que la reconnaissance d'un peuple au sein d'un État. Le Canada ne serait pas ce qu'il est sans la différence québécoise ; on ne peut pas passer sous silence ce qui fut et est toujours l'un des fondements du pays. Il y a des maux qu'on peut ignorer sans crainte pour sa santé ; il y en a d'autres qu'on néglige au péril de sa vie. Le traitement peut être douloureux ; il n'en est pas moins nécessaire. C'est pourquoi ceux qui tiennent au Canada ne peuvent pas se contenter de minimiser, pour les mater, l'importance du désaccord philosophique entre Canadiens anglais et Québécois francophones ou celle de la frustration québécoise. Ils échoueront aussi s'ils essaient de le noyer dans un contre-nationalisme canadien. Si ce problème de fond n'est pas réglé, ou du moins si nous n'avons pas comme projet de le régler, le Québec restera toujours à une crise près de l'indépendance, à un sursaut nationaliste près d'une victoire du OUI.

Il ne sert à rien de faire comme si les deux solitudes n'existaient plus, d'imaginer un Canada où francophones et anglophones passeraient aisément d'une langue à l'autre, voire d'une culture à l'autre. La barrière linguistique n'empêche pas les valeurs et les projets communs, l'histoire du Canada en est la preuve. Mais barrière il y a bel et bien, de sorte que lorsque Dédé Fortin s'est enlevé la vie, les Canadiens anglais ne comprenaient rien de l'émotion ressentie par les jeunes Québécois ; de même la mort du journaliste Peter Gzowski a-t-elle bouleversé le Canada d'un océan à l'autre, à l'exception notable du Québec français. Plutôt que de mousser un nationalisme postnationaliste (!) qui ne prendra jamais racine au Québec, il serait plus réaliste et productif de cultiver la « nationalité politique » dont parlait George-Étienne

Cartier. La culture commune canadienne se définirait alors, comme en 1867, par le regroupement des forces, l'atteinte d'objectifs communs, le partage de valeurs et des expériences, le respect des identités; c'est déjà un projet formidable. Rêver de la fin des solitudes comme l'a fait Michaëlle Jean lors de son assermentation comme gouverneure générale, chercher à vendre un tout canadien intime, c'est entretenir des illusions, susciter des malentendus qui, en définitive, accroissent les risques d'une rupture. On l'a vu par la réaction dithyrambique des commentateurs canadiens-anglais au discours de Mme Jean: on voyait poindre le jour de la disparition du problème québécois!

L'échec du plan B

Pendant quelques années après la quasi-victoire du OUI en 1995, les tenants du « plan B », stratégie visant à bloquer la voie aux souverainistes par des manœuvres offensives plutôt que défensives, ont pu prétendre qu'ils avaient gagné la bataille. L'appui à la souveraineté n'était-il pas à la baisse, plafonnant à 40 %? On sait aujourd'hui, alors que la souveraineté obtient mois après mois un score de plus de 45 %, que l'accalmie résultait davantage de la fatigue postréférendaire que de l'adoption de la Loi « sur la clarté ». Le débat entourant cette loi ne fut pas inutile, puisqu'il a permis aux Québécois de réaliser que l'accession à la souveraineté ne serait pas aussi facile que ce que prétendent les leaders souverainistes. Mais le jour venu, s'il vient, la Loi sur la clarté ne changera pas grand-chose au dénouement de la crise, pas plus que la règle du 50 % plus un à laquelle tiennent tant les leaders souverainistes. Ce qui se passerait au lendemain d'un OUI dépendrait de la réalité politique du moment, non de textes de loi ou de principes supposés sacrés. En particulier, si le résultat d'un référendum était assez clair pour que la souveraineté du Québec soit reconnue par des pays étrangers, le fédéral aurait beau agiter sa Loi, il aurait perdu la bataille. À l'inverse, le jour où la France refuserait de reconnaître les résultats du référendum, estimant la question confuse ou le score trop serré, le principe du 50 % plus un perdrait toute valeur politique.

Importe davantage que ces guerres de mots le fait que la mise en œuvre du « plan B » n'est pas parvenue à camoufler l'incapacité du Canada anglais d'accepter les changements constitutionnels propres à calmer la grogne des Québécois. L'impasse post-Charlottetown reste entière. On n'en sortira que par un nouveau plan A, visant une entente négociée de bonne foi.

Le grand silence

Une fois adoptée la Loi sur la clarté, les fédéralistes se sont réfugiés dans une stratégie du silence. Ayant conclu des échecs de Meech et de Charlottetown qu'il serait impossible, du moins à court terme, d'amender la Constitution dans le sens des demandes du Québec, ils ont estimé que le meilleur moyen de vaincre l'idée souverainiste était de parler le moins fort possible. La prospérité du Canada, croyaient-ils, suffirait à convaincre les Québécois. Dix ans après le référendum de 1995, nous sommes en mesure de faire le bilan de cette stratégie : les sondages montrent que rien n'est réglé. Pire, le mouvement souverainiste est aujourd'hui seul dans l'arène. Devant lui, pour le combattre, nul Ryan, nul Trudeau. Il y a bien Paul Martin, Jean Charest, Benoît Pelletier, Pierre Pettigrew ; mais peut-on croire qu'ils se battent à armes et talents égaux ? Tandis que les fédéralistes se préoccupaient de gérer le Canada et le Québec en parlant le moins possible de la question nationale, les souverainistes, eux, continuaient de labourer la terre québécoise.

D'abord, ils ont réfléchi à la manière dont il leur fallait adapter leur discours, en particulier pour séduire les jeunes. Ils ont multiplié les tournées des cégeps et des universités, l'impressionnant Jacques Parizeau en tête. Cela a donné une préoccupation accrue, dans leur argumentaire, pour la mondialisation et pour l'environnement. Ensuite, les souverainistes ont constaté, puis défini à leur manière et exploité la problématique du déséquilibre fiscal. D'où le budget du Québec souverain préparé par François Legault, qui, malgré ses faiblesses, renforce la thèse souverainiste auprès de la population.

Et pendant ce temps, quel fédéraliste fait la tournée des cégeps pour vanter « le meilleur pays au monde » ? Qui explique que le Québec pèsera plus lourd dans le monde au sein du Canada que seul ? Qui dit aux jeunes que, pour protéger l'environnement, deux ministères de l'Environnement valent mieux qu'un (pas parce qu'il y a plus de fonctionnaires, mais parce que le ministère fédéral sera mieux à même de bloquer un projet cher au gouvernement provincial, et vice versa) ? Qui a pris soin de publier un contre-budget pour démolir le document de Legault ? Les fédéralistes continuent de laisser tout le terrain aux souverainistes, comme s'ils craignaient que leurs arguments ne fassent pas le poids. Et bien sûr, tout ce beau monde se réveillera en panique lorsque le PQ sera reporté au pouvoir ! Cette panique qui fut si bonne conseillère dans le passé...

La même stratégie de discrétion avait été tentée avant la consultation de 1995. Claude Ryan avait alors dénoncé cette étrange conspiration du silence :

> Ceux qui optent en faveur de l'une ou l'autre option doivent être prêts à la défendre à visage découvert. Absorbés par leurs occupations professionnelles ou par les tâches du pouvoir, souvent aussi absents des débats publics par indifférence ou par souci de leur tranquillité, de nombreux fédéralistes n'ont guère été enclins à se manifester au cours des débats des dernières années. Dans certains milieux, en particulier dans les milieux de l'enseignement et dans les milieux du travail dominés par les appareils syndicaux, les propagandistes de l'option souverainiste ont eu la partie facile, étant souvent seuls à y prendre la parole[9].

Après un sursaut autour du référendum de 1995, nous sommes revenus aujourd'hui à la situation de monopole intellectuel que déplorait M. Ryan.

Quand je dis cela aux militants fédéralistes que je rencontre, j'ai généralement droit à un acquiescement de la tête et à un soupir : « Vous avez raison… Mais j'en ai assez fait, je suis fatigué de ce combat-là. » À leur décharge, il faut dire qu'il n'est pas facile de défendre le Canada au Québec. Les souverainistes sont de formidables opposants, leur discours est dominant dans les médias, dans le milieu artistique, dans le milieu universitaire. Mais alors, il faut préparer une relève ! Tandis que les jeunes meneurs souverainistes sont omniprésents, on cherche en vain leurs vis-à-vis fédéralistes. Les fédéralistes les plus militants semblent somnoler au sein du confortable Conseil pour l'unité canadienne, organisation se souciant apparemment de faire le moins de bruit possible pour ne pas perdre son statut fiscal d'organisme de bienfaisance.

Dans la mesure où il y a aujourd'hui un réveil, suscité par la perspective d'un troisième référendum, il se produit surtout au Canada anglais, autour de gens comme Bob Rae, l'ancien premier ministre ontarien, et Michael Ignatieff, un intellectuel de Harvard que certains rêvent de voir à la tête du Parti libéral du Canada. Mais l'attitude dominante dans le ROC (*Rest of Canada*) en est également une de fatigue, sinon d'hostilité. « Pourquoi ne pas laisser le Québec partir, tout simplement ? » m'a demandé un homme d'affaires albertain après que j'eus plaidé, dans une allocution, pour une nouvelle tentative d'intégrer le Québec dans la Constitution de 1982.

L'apathie fédéraliste a une autre source : au Canada anglais comme au Québec, on ne voit tout simplement pas comment on pourrait réussir ce qui a raté dans les années 1990. C'est un fait, ce ne sera pas facile. Mais, comme l'a souligné Ignatieff récemment, ce n'est pas une raison pour abandonner la partie :

> Notre lassitude des questions constitutionnelles est le danger principal qui guette l'unité nationale de notre pays. Tous les Canadiens qui ont vécu Meech, Charlottetown, le rapatriement, la clause nonobstant et les référendums sont fatigués. Fatigués du processus et fatigués de ces discussions. Nous, les fédéralistes, pensions avoir remporté ces débats il y a longtemps. Nous pensions en avoir terminé. Nous n'en aurons jamais fini. Le Canada

est un de ces pays qui doit – condition essentielle à sa survie – s'engager dans une autojustification et une auto-invention perpétuelles. Si ces débats nous ennuient, c'est que le pays nous ennuie et si c'est le cas, nous sommes vaincus[10].

L'effet des commandites

Les souverainistes ont habilement exploité le scandale des commandites, de sorte que celui-ci a probablement fait grimper de plusieurs points les appuis à l'indépendance. Pourtant, quand on y pense, il serait insensé de faire la souveraineté du Québec parce que quelques personnes ont sombré dans la corruption.

Dans sa conception, le programme des commandites n'a rien de scandaleux, contrairement à ce que soutiennent les leaders souverainistes. Selon eux, l'existence même d'un programme visant à accroître la visibilité du gouvernement du Canada au Québec est honteuse. J'ai du mal à comprendre pourquoi ; lorsqu'il est au pouvoir, le Parti Québécois ne se prive pas de donner un accent nationaliste à toute la publicité gouvernementale. Comme l'a bien montré Robert Bernier, spécialiste de la propagande étatique, les gouvernements du PQ ont considérablement accru la visibilité de l'État québécois et le caractère politique de ses communications[11]. Bernier rappelle cet épisode savoureux de la fin du premier régime péquiste : du 1er janvier 1984 au 31 mars 1985, 3578 panneaux faisant la promotion des subventions et projets gouvernementaux ont été posés à travers le Québec par le ministère des Transports. Une usine entière se consacra, pendant un an et demi, à la production de ces panneaux. « Jamais, dans l'histoire de l'information et de la publicité gouvernementale, une opération publicitaire n'aura été victime d'un aussi important phénomène de surexposition[12] », souligne le professeur de marketing.

L'enquête du juge John Gomery a bien montré, même si les médias en ont très peu parlé, que le programme fédéral des commandites ne se déployait pas dans le vide ; il existait une véritable guerre des commandites au Québec, guerre à laquelle le gouvernement du Québec participait sans états d'âme. Bref, s'il y a scandale à ce que le gouvernement du Canada ait voulu «acheter l'âme des Québécois», le gouvernement du PQ est tout aussi coupable.

Le reste de l'affaire des commandites relève de la corruption : des hommes d'affaires et des organisateurs libéraux peu scrupuleux ont profité du fait que le programme était géré par un fonctionnaire lui-même malhonnête pour faire des profits indécents, et en passant donner un coup de pouce au PLC. C'est dégoûtant. Dégoûtant, mais ce n'est propre ni au fédéralisme canadien ni aux libéraux fédéraux. Jean Brault n'est-il pas souverainiste ? N'a-t-il pas révélé, lors de son témoignage, qu'une responsable du financement du PQ lui avait indiqué comment il pouvait verser 50 000 $ au parti par le biais de ses employés, contournant ainsi les exigences de la loi électorale ? Peut-on vraiment croire que M. Brault ait été le seul à qui cette personne a proposé une telle façon de faire ? Le président de la Société Saint-Jean-Baptiste de Montréal, Jean Dorion, a soutenu dans un discours livré à l'occasion de la Journée des Patriotes que «le régime fédéral est un régime corrupteur, au Québec, de par sa nature même[13]». Comme si les politiciens nationalistes n'étaient pas capables de corruption ! M. Dorion a-t-il oublié Duplessis ? Peut-on prétendre sérieusement que la corruption serait absente d'un Québec indépendant ?

Outre de gonfler l'appui à la souveraineté, le scandale des commandites a eu deux autres conséquences. En premier lieu, honteux, les fédéralistes sont rentrés encore plus profondément dans leurs terres. En second lieu, le scandale a rendu encore plus absurdes les prétentions des fédéralistes militants au sujet de la perfection morale du pays canadien, et mis en relief l'incapacité du Canada de s'attaquer au fond du problème constitutionnel. Déjà impuissant, le discours fédéraliste a été castré.

Une nouvelle stratégie fédéraliste

Les fédéralistes canadiens peuvent s'estimer chanceux que les Québécois n'aient pas encore claqué la porte. Non seulement le Canada anglais a-t-il gaspillé des occasions en or de gagner l'adhésion définitive d'une majorité de Québécois, mais les fédéralistes se sont généralement distingués par la faiblesse de leur argumentation, par leurs erreurs et, depuis quelques années, par leur silence. Ils ont préféré la tactique, le court terme et donc souvent la panique, à la stratégie. Ils se sont contentés de réagir plutôt que de prendre l'initiative. Ils ont été complaisants et paresseux plutôt que convaincus, déterminés et persévérants. On voit où cela nous a menés. Une nouvelle façon de faire, une nouvelle culture fédéraliste s'impose.

Le changement fondamental doit porter sur la nature même de la stratégie fédéraliste. Celle-ci ne doit pas seulement viser à empêcher une victoire du PQ aux prochaines élections, ou à survivre à un prochain référendum. L'idéologie fédéraliste doit s'enraciner plus profondément au Québec. Car l'idéologie souverainiste, elle, est là pour rester. Elle est cohérente, ancrée dans l'histoire et dans ses mythes, dans la terre et dans l'émotion, elle est défendue par des gens brillants et profondément convaincus. Même si le PQ perd la prochaine élection, même si l'on règle le problème du déséquilibre fiscal, même si l'économie canadienne continue de rouler à plein régime, même si le prochain premier ministre canadien est populaire au Québec, le projet souverainiste survivra. C'est à ce défi permanent que la nouvelle stratégie fédéraliste a à répondre. Les fédéralistes doivent entreprendre d'occuper en permanence le terrain politique, intellectuel et émotif. Pas avec de l'argent et des drapeaux, quoique les drapeaux du Canada doivent certainement flotter au vent. Pas davantage avec une vision idéalisée du pays. Mais avec des idées, de la réflexion, de l'énergie, de l'éloquence, du cœur.

Rien n'est plus ennuyeux depuis quelques années que le congrès d'un grand parti fédéral. Sauf peut-être un congrès du Parti libéral du Québec ! On n'y retrouve aucun souffle intellectuel. Les partis fédéralistes semblent avoir coupé tout lien avec les gens qui pensent, universitaires, essayistes, stratèges. Il est assez étonnant que la pensée fédéraliste soit en ébullition partout dans le monde, comme en témoignent les nombreux ouvrages publiés sur la question, sauf au sein des partis politiques canadiens. Je me souviens de la scène lorsque Benoît Pelletier, après des années de travail, a fait voter le nouveau programme constitutionnel du PLQ, en novembre 2001. M. Pelletier présentait un article du texte et attendait les questions, les reproches, les approbations. Rien. Pas un pour, pas un contre. Personne aux micros, on passe au vote! Prochain article, même scénario. C'en était gênant!

Les partis fédéralistes doivent se rebrancher sur la réflexion, encourager les débats plutôt que les étouffer. Si d'aventure les militants se braquent ou bayent aux corneilles, il faut trouver le moyen de les stimuler. La réflexion sur le fédéralisme canadien ne peut s'épuiser ni s'éteindre. Ceux qui croient au Canada doivent s'assurer de l'existence d'une multitude de lieux de réflexion: chaires, groupes, clubs. Il faut multiplier les recherches, les colloques, les publications. Les contacts entre ces sources d'idées, les partis, les syndicats, les groupes communautaires, doivent être incessants. Au Québec, les fédéralistes, politiciens, militants, penseurs, doivent être omniprésents. Ils doivent prendre part à tous les débats, qu'il s'agisse de l'avenir des garderies, d'un projet d'autoroute ou de la mondialisation. Ils doivent multiplier les mémoires, les conférences de presse, les meetings. Pas une seule déclaration d'un député, d'un universitaire ou d'un syndicaliste souverainiste ne devrait rester sans réplique. Surtout, les fédéralistes doivent prendre l'initiative et défier l'argumentaire souverainiste sur une foule de sujets.

La nouvelle campagne fédéraliste ne doit pas être circonscrite au Québec. Il est essentiel que la Constitution canadienne soit un jour amendée pour mieux refléter la vraie nature du pays. Meech et Charlottetown ont tellement braqué les gens qu'une telle avancée est à court terme inconcevable. Cela n'en diminue pas la nécessité. Les fédéralistes doivent relancer la réflexion sur cette question, d'un bout à l'autre du pays. Cela peut se faire intelligemment, prudemment, mais aussi de manière constante et déterminée. Il s'agit de convaincre les Canadiens, un par un s'il le faut, de l'importance et de la possibilité de trouver une solution au dilemme canadien. Pas une grande entente de 100 pages où tout le monde aura son bonbon. Une entente dont le seul objectif sera d'atténuer la menace qui pèse sur le pays depuis plus de quarante ans.

Comment faire ? C'est parce qu'il n'existe pas de solution simple qu'un patient exercice de réflexion est essentiel. Lorsque j'aborde cette question avec des interlocuteurs anglophones, je leur dis ceci : « Vous savez, le sentiment d'amour pour le Québec que vous avez exprimé lors de la grande manifestation, place du Canada, quelques jours avant le référendum de 1995 ? Il faut prendre ce sentiment et le mettre dans la Constitution ! » Voilà l'objectif. Ne reste qu'à harnacher la volonté. Les mots suivront.

Il n'est pas question d'ouvrir une négociation demain ; il ne faut surtout pas faire croire aux Québécois que cela est possible. Il faut entamer un dialogue, et convaincre les Québécois et les autres Canadiens que ce dialogue en vaut la peine. Pas parce que le Québec est ingérable dans le contexte actuel ; ce n'est pas du tout le cas. Mais parce qu'une reconnaissance formelle de la différence québécoise lèverait une hypothèque et permettrait l'exploitation maximale du potentiel du pays.

En somme, la nouvelle stratégie fédéraliste doit être fondée sur cette donnée incontournable, née avec la fédération elle-même : l'unité du Canada ne pourra jamais être tenue pour acquise.

Faire face à l'Histoire

Le scandale des commandites s'ajoutera, dans les manuels d'histoire du Québec, à l'interminable liste des coups portés à la nation québécoise. Telle qu'enseignée dans les classes, les médias, les romans et les films, cette histoire n'est qu'une longue succession de manœuvres des « Anglais » et de leurs alliés francophones – les « vendus » – pour brimer les Canadiens français. Étudiant, j'ai suivi des cours d'histoire à l'Université de Montréal et à l'Université McGill. La différence était frappante. À Montréal, on n'enseignait pas l'histoire du Canada, mais la douloureuse histoire du Québec au sein du Canada. À McGill, on parlait beaucoup du Québec, mais on avait bien du mal à comprendre de quoi diable pouvaient se plaindre les Québécois ! Je ne veux pas faire ici un long exposé sur l'histoire du Canada ; mes connaissances en la matière sont trop parcellaires. Je veux seulement souligner à quel point l'histoire telle qu'on l'enseigne ici mène inévitablement les Québécois à croire qu'ils ont été constamment martyrisés. Je reviens à ce thème, déjà abordé au premier chapitre, pour montrer que, face à ce mythe plongeant profondément dans l'histoire, le contre-mythe du pays idéal ne peut faire le poids. Les douceureuses (et coûteuses) *Minutes du patrimoine* non plus !

Il y a eu plusieurs épisodes pénibles, un grand nombre d'injustices faites aux Canadiens français au cours des décennies ; ces injustices, nous les ressentons tous encore dans le creux de nos entrailles. Les défenseurs du fédéralisme doivent comprendre que des relents de ces souffrances demeurent, et que cela est légitime. Ensuite il faut – le travail, en supposant qu'il soit entrepris, prendra des années ! – révéler aux Québécois les aspects de leur histoire dont on leur a moins ou pas du tout parlé. L'envers de leurs souffrances : la collaboration, les ententes, la tolérance. L'autre côté de l'expérience canadienne. C'est la tension entre ces deux expériences, et la résolution de cette tension à différentes époques, qui a mené le Québec là où il est aujourd'hui.

Il ne sert à rien de nier que des conflits ont existé entre les Québécois francophones et les Canadiens anglophones. Inutile aussi de rêver qu'il en sera autrement un jour. Ces conflits font partie de la nature du Canada, dont la création ne visait pas à les éliminer, mais à les civiliser, de sorte que les régions constituantes puissent regrouper leurs forces. Je me permettrai ici de citer longuement l'historien Jocelyn Létourneau, qui s'exprime sur le sujet bien mieux et avec plus de compétence que je ne saurais le faire. Létourneau appelle avec raison à une « révolution de la mémoire collective » :

> Prétendre que le passé québécois se résume d'abord et avant tout à une lutte de survivance n'est qu'une façon de raconter et de recentrer (ou de décentrer) le passé du groupe à l'aune de la métaphore de la crucifixion continuelle. Notre vision des choses est différente : le passé québécois (...) a bien plus consisté en la recherche d'une position intermédiaire optimale, satisfaite et tranquille entre le spectre de l'assimilation et celui de la marginalisation qu'en une volonté de devenir complètement indépendant ou de se refermer sur soi en s'écrasant. Cette recherche, si elle a été caractérisée par ce que certains ne cessent de voir comme des replis, a tout autant été marquée par des victoires, voire par des avancées notables, y compris dans leur caractère inusité[14].

Il est normal qu'un peuple se souvienne avec tristesse et colère des injustices dont il a été victime. Ce qui est néfaste, c'est que sa connaissance historique ne s'attache qu'à ces pénibles épisodes. Et qu'il en rende l'« autre » seul responsable. L'historien Robert Bothwell, de l'Université de Toronto, écrit :

> Il est possible de considérer l'histoire canadienne comme une longue confrontation, et beaucoup de gens, en particulier au Québec, font exactement cela. Les faits sont là, et l'interprétation de ces faits n'a pas à être beaucoup déformée [pour confirmer cette perception]. (...) Mais il y a d'autres manières de considérer les relations entre les anglophones et les francophones et leur histoire. S'il est vrai qu'il y a eu des confrontations, des désaccords, et parfois de la violence, il est aussi vrai que les anglophones et les francophones ont vécu ensemble depuis près de 250 ans, dans le même pays, dans la même économie, et sous le règne de la même Constitution[15].

Les souverainistes passéistes parviennent sans mal à accumuler les faits historiques tendant à confirmer notre « crucifixion continuelle ». Comme l'admet Bothwell, ces faits existent bel et bien. Seulement l'histoire dominante – celle que les fédéralistes ont laissé dominer – tait les faits qui contredisent cette thèse. Ainsi, tous tiennent pour acquis que les « Canadiens » auraient prospéré, dans leur langue, sur le continent, si Montcalm avait gagné sur les plaines d'Abraham, ou si, soixante-quinze ans plus tard, Louis-Joseph Papineau était devenu président d'une nouvelle république canadienne. Cela n'est pas certain du tout! Sous le Régime français, la Nouvelle-France prenait un retard considérable, au point de vue démographique, économique et politique, par rapport aux colonies britanniques. À cet égard, la conclusion de Tocqueville, après sa visite au Bas-Canada en 1831, était sans appel: « Quant aux conséquences matérielles des deux méthodes coloniales, on sait qu'en 1763, époque de la conquête, la population du Canada était de 60 000 âmes, et la population des provinces anglaises, de 3 000 000[16]. » L'historien émérite Marcel Trudel le souligne:

> En nous intégrant dans une société assez semblable à celle de notre mère patrie, la Conquête nous a ouverts sur le monde 12 mois par année, donné accès au marché de l'Empire britannique, dont celui des colonies américaines, de Terre-Neuve à la Floride. Elle a mis fin du même coup à notre pénurie endémique de numéraire. Les guerres amérindiennes ont cessé (…) Dans ces nouvelles conditions, heureuses pour la société canadienne et malgré les pertes qu'elle a faites en 1760, il est excessif de parler de « catastrophe » et de « décapitation ». Parlons plutôt d'évolution soudaine et forcée, d'un choc profondément ressenti. Ce choc lui fait prendre une orientation nouvelle qui, à bien des points de vue, semble aujourd'hui avoir été à son avantage[17].

Nul ne sait ce qui serait arrivé au cours des années suivant une victoire française en 1759. Napoléon aurait-il vendu le Canada, en même temps que la Louisiane, aux États-Unis? Que resterait-il alors de notre « société distincte »?

De même, il est loin d'être certain que la victoire des Patriotes aurait donné naissance à un Canada français indépendant, où l'avenir de notre langue aurait été éternellement assuré. Papineau ne rêvait-il pas, à la fin de sa vie, d'une annexion aux États-Unis, sachant très bien que le français n'y survivrait pas ? Si la folle tentative des Nelson et de Lorimier avait réussi, avec l'aide nécessaire des États-Unis, la nouvelle république aurait-elle pu longtemps résister à l'annexion ? Pas selon John Neilson, un Patriote modéré, qui expliqua à Tocqueville : « Il est absolument contraire à notre intérêt de nous rendre indépendants. Nous ne formons encore que 600 000 âmes dans le Bas-Canada ; si nous devenions indépendants, nous ne tarderions pas à être enveloppés par les États-Unis[18]. »

On ne sait pas non plus comment les rebelles, s'ils avaient vaincu, auraient gouverné le « Bas-Canada ». Il est sans doute interdit de le mentionner, et pourtant : il existait dans le comportement rebelle une nette tendance à l'intolérance dont on peut craindre qu'elle aurait dégénéré en Terreur miniature, ou à tout le moins en un gouvernement excessivement autoritaire. On le voit dans le mythe du chef, bâti autour de la personnalité de Papineau. On perçoit aussi des signes inquiétants dans l'exclusion immédiate de tout Patriote qui osait s'opposer aux tactiques plus radicales. On le voit enfin dans le recours aux « charivaris » et aux menaces contre les Canadiens qui avaient le malheur de se montrer trop tièdes dans leur appui à la cause patriote.

On peut bien vilipender Durham ; mais il faut admettre qu'en définitive son projet n'a pas vécu plus d'un quart de siècle. Les Québécois francophones ont su résister à l'assimilation, tandis que les Britanniques d'abord, puis les Canadiens anglophones ont vu leur intérêt à ne pas y procéder. Les Américains auraient-ils vu les choses du même œil ?

Notre connaissance de l'histoire *canadienne*, qui est *notre* histoire, est extraordinairement parcellaire et univoque. Dans le film de Pierre Falardeau, *15 février 1839*, Chevalier de Lorimier soupire : « C'est ceux qui gagnent qui vont écrire l'histoire. » Ce n'est certainement pas le cas au Québec ; ici comme pour toute la mythologie québécoise, les souverainistes ont fait triompher leur façon de voir les choses. Nos héros sont ceux qui ont claqué la porte : Papineau, Bourassa (Henri, pas Robert !), Lévesque, Bouchard. Qui a produit un film sur l'habile La Fontaine ? Sur le bâtisseur George-Étienne Cartier, homme vaniteux, corrompu (quel politicien ne l'était pas à cette époque ?), mais dont les réalisations sont aussi nombreuses que remarquables ? Au mépris de l'efficacité de leur politique, on les considère comme des traîtres parce qu'ils ont osé négocier avec les anglophones. « Les modérés, les peureux, ceux qui profitent du régime », accuse le curé Marier dans *15 février 1839*.

Si ce n'était que Falardeau ! Le sociologue Stéphane Kelly, dont j'admire généralement les écrits, a consacré son ouvrage le plus remarqué à tenter de démontrer que les Patriotes qui n'ont pas suivi la voie de la résistance jusqu'auboutiste n'étaient que des « parvenus », des ambitieux séduits par l'appât des gratifications offertes par le pouvoir anglais. C'est à l'aide de cette grille bancale qu'il analyse le cheminement de La Fontaine, Cartier et Étienne Parent : « La collaboration, qui se substitue à la résistance, ne peut être comprise sans que l'on fasse référence à l'attrait de cette petite loterie. Cet attrait est si fort que, en moins d'une décennie, les rebelles les plus actifs renonceront à l'idéal républicain[19]. » Or, en s'alliant à Baldwin, La Fontaine a fait avancer les causes du gouvernement responsable et de la langue française bien plus que les tactiques radicales ne l'avaient fait. Pour sa part, en travaillant avec Macdonald, Cartier a permis aux Canadiens français de regagner leur autonomie au sein du Canada, tout en obtenant une protection contre les États-Unis et en mettant en place les conditions de la prospérité. Et c'est Cartier qui a aboli le régime seigneurial, revendication des Patriotes radicaux à laquelle Papineau, lui-même seigneur, s'était opposé. Dans l'esprit de Kelly, ces gains ne comptent apparemment pas, entachés qu'ils sont par l'ambition de ceux qui les ont obtenus. Son critère de loyauté à la cause est paradoxal : il fallait poursuivre, avec quelques purs et durs, un futile combat armé contre le plus puissant empire de la terre. En choisissant une autre voie – pacifique –, Parent, La Fontaine et Cartier ont vendu leur âme ! Peu importe que cette voie ait porté ses fruits...

Quel Québécois connaît l'histoire des Rébellions de 1837, au-delà du fait que des méchants Anglais ont combattu les bons Français, au-delà de ce que Falardeau en a raconté ? Combien savent que les rebelles du Bas-Canada firent alliance avec ceux du Haut-Canada, autrement dit que la cause du gouvernement responsable transcendait les « races » ? Que la répression des « troubles » fut encore plus dure au Haut-Canada*? Tous les Québécois connaissent le maléfique Lord Durham. Mais pourquoi les Britanniques sympathiques aux Canadiens français, notamment Lord Elgin, nous sont-ils inconnus ? Après l'Union, La Fontaine fut élu lors d'une élection complémentaire dans le comté haut-canadien de York, siège que lui avait offert Baldwin ; qui sait cela ? On imagine la scène : le leader des Canadiens français élu dans un comté totalement anglophone ! « C'est sur le principe de la vraie justice qu'ils entendent vivre avec leurs frères du Bas-Canada, concluait de Toronto le journaliste

---

* À ce sujet, voici ce que m'a rapporté Gilles Laporte, historien spécialiste des Rébellions, en réponse à mes questions :

« De fait, la répression fut à maints égards plus brutale au Haut-Canada, ne serait-ce que si on s'en tient au nombre de pendus (12 au Bas-Canada contre 15 chez nos voisins) et au nombre d'exilés en Australie (83 exilés pour le Haut-Canada contre 58 au Bas-Canada). Rappelons également les sept exécutions sommaires lors de la bataille de Niagara et la brutalité exemplaire avec laquelle furent traités les prisonniers haut-canadiens ; bien plus durement qu'au Québec.

« Un fait qui échappe souvent aux analystes vous intéressera sans doute. Dans son très bel ouvrage sur la bataille de Prescott (*Guns Across the River. The Battle of the Windmill*, 1838), Donald E. Graves s'est livré à une étude très fouillée à propos de l'identité des participants. Il appert que, sur les 151 rebelles présents à cette bataille, 148 étaient citoyens américains, deux venaient du Bas-Canada et un seul était sujet britannique habitant le Haut-Canada. Il en va de même à propos des exilés en Australie : presque tous étaient en fait des Américains... (*suite de la note, p. 104*)

nationaliste Étienne Parent. Ils élisent M. La Fontaine pour montrer leur sympathie envers les Bas-Canadiens et leur détestation des mauvais traitements et des injustices auxquels nous avons été exposés[20]. » La Fontaine a déjoué Durham : par son alliance avec les réformistes anglophones, il a fait amnistier tous les rebelles exilés, y compris Papineau, obtenu la reconnaissance du français dans les travaux de l'Assemblée législative, et arraché à Londres le gouvernement responsable, huit ans à peine après les Rébellions.

Quel Québécois connaît l'histoire de la Confédération, au-delà de ce qu'elle comporte d'affrontements entre le Québec et le gouvernement fédéral ? Qui sait que, depuis 1867, deux courants, l'un centralisateur, l'autre provincialiste, se sont opposés, et que la vision québécoise de la fédération a toujours, et est encore, partagée par bon nombre de Canadiens anglais[21] ? Que le très nationaliste Honoré Mercier n'eut pas de meilleur allié que le premier ministre de l'Ontario, Oliver Mowatt, aussi autonomiste que ne le furent les plus autonomistes des premiers ministres québécois ?

Je répète qu'il ne s'agit pas de minimiser les injustices commises contre les francophones au Canada ; déplorer,

« On conçoit dès lors beaucoup mieux la dureté de la répression au Haut-Canada. La raison en est d'abord que ces rebelles étaient loin de profiter du courant de sympathie dont bénéficiaient les "Patriotes" au sein de la population du Bas-Canada. Clairement, le désir de ne pas "provoquer" la population avait déjà au Québec entraîné la première amnistie de Durham en juin 1837 et mis fin aux exécutions après la seconde insurrection dès après le 15 février 1839. Au Haut-Canada, ces scrupules existaient d'autant moins que la plupart des condamnés étaient américains et traînaient souvent une réputation louche.
« Une chose demeure cependant certaine. La répression qu'on retrouve au Haut-Canada n'est pas proportionnelle à l'ampleur des troubles qu'on y a connus et s'explique bien davantage par la volonté de frapper fort et d'intimider les "truands". Les troubles au Bas-Canada furent à la fois plus profonds et plus importants. Juste que des exécutions plus nombreuses n'y auraient sans doute pas permis d'atteindre l'objectif escompté : la soumission de tout le peuple bas-canadien. À ça, l'Acte d'Union de 1840 allait apporter une réponse autrement plus adéquate. »

dénoncer ces injustices passées ne devrait cependant pas nous empêcher de reconnaître que l'expérience canadienne a aussi été marquée par une collaboration ardue mais fructueuse entre Canadiens anglais et Québécois francophones. De reconnaître aussi que c'est cette voie qui l'emporte généralement.

Le succès actuel du Bloc Québécois s'inscrit parfaitement dans la vision véhiculée par les grands mythes québécois, selon lesquels les défenseurs authentiques des intérêts du peuple sont ceux qui s'« opposent » et refusent tout compromis. L'entente sur la Confédération fut dénoncée par les Rouges d'Antoine-Aimé Dorion, qui estimaient que le gouvernement central serait trop puissant. Il est intéressant de noter que, des quatre provinces fondatrices, le Bas-Canada fut la seule où le principal parti d'opposition – les Rouges – ne participa pas aux négociations. Dès le départ, il refusa de jouer un rôle dans la recherche d'une solution, préférant « l'opposition à outrance* » au compromis. Comme le souligne l'historien Christopher Moore, « si Dorion et un ou deux de ses collègues rouges s'étaient joints aux négociations de Québec, ils y auraient renforcé le camp favorable aux droits provinciaux. Ils auraient pu forcer Cartier à clarifier les questions qu'il était disposé à garder floues, et leur participation aurait permis d'améliorer les résolutions et les débats qui s'en sont suivis[22] ». Entre le « système d'opposition à outrance » de Papineau et la participation efficace au gouvernement adoptée par La Fontaine, nous choisissons toujours Papineau, même si son combat à lui a mené à l'impasse, tandis que celui de La Fontaine a amélioré le sort de ses concitoyens. Comme l'a souligné le grand historien Mason Wade, « il n'avait fallu que dix ans pour que les Canadiens français se relèvent de la peine de mort prononcée par le rapport de Lord Durham et l'Acte d'Union. Sous la sage direction de La Fontaine, leur résistance constitutionnelle avait eu tellement de succès qu'ils avaient obtenu une puissance politique incontestable ».

* L'expression est de La Fontaine.

Si nous – à commencer par les fédéralistes – connaissions mieux notre histoire, celle-ci nous apparaîtrait moins comme une lutte constante entre les pauvres francophones du Québec et les méchants Anglais du Canada, et davantage comme un débat vigoureux entre des conceptions différentes du régime fédéral, où la composante linguistique est cruciale, mais pas unique. Dans ce débat, les leaders québécois n'ont pas toujours raison; il leur arrive même d'avoir tort! Comme l'historien Paul Romney l'a rappelé:

> Les Canadiens anglais ne sont plus les Britanniques d'Amérique du Nord d'autrefois, et les Canadiens français ne sont plus les conservateurs catholiques qu'ils ont déjà été. S'il faut que les premiers s'amendent pour leur nationalisme dogmatique du XXe siècle, méprisant pour le vœu des Québécois d'être reconnus comme une société distincte, les seconds doivent être disposés à enseigner et apprendre l'histoire canadienne comme la leur, et à apprécier les aspects positifs de la relation historique entre les deux peuples fondateurs[23].

Le mythe du pays parfait que tentent de vendre certains fédéralistes sonne d'autant plus faux que les Québécois connaissent très mal le volet canadien de leur histoire. Le fossé entre ce mythe canadien – celui d'une harmonieuse et constante collaboration entre francophones et anglophones – et la réalité est déjà grand; celui entre cette conception et l'histoire qu'ont apprise les Québécois est tout simplement infranchissable.

C'est pourquoi à l'approche du mythe il faut préférer celle du réalisme. Un réalisme ancré dans ce que l'histoire des souffrances québécoises recèle de vérité, mais tourné vers les réalisations concrètes, vérifiables, évidentes de l'expérience canadienne. Retour à la pensée touffue mais stimulante de l'historien Jocelyn Létourneau:

> Vouloir continuellement éponger, voire expurger, la dissension structurante du Canada dans une espèce de conception tampon du pays et ainsi étirer l'idée de nation – ou de communauté

politique nationale – jusqu'à ce qu'elle incarne plus qu'un idéal abstrait qui soit oublieux de la matérialité qui la fonde pour ne privilégier qu'une image réenchantée et progressiste, bilingue et multiculturelle, civique et postmoderne du pays, cette visée, cela est devenu flagrant maintenant, n'offre aucune option utile[24].

Plus simplement, il ne sert à rien de vendre aux Québécois un Canada parfait qui n'existe pas. Le pays dont il faut leur parler, c'est le Canada réel, avec ses faiblesses mais aussi ses réussites, dont la prospérité du Québec francophone d'aujourd'hui est une preuve indéniable.

CHAPITRE IV

Le pays réel

La grande réussite stratégique des souverainistes d'aujourd'hui est d'avoir imposé dans l'esprit d'un grand nombre de Québécois l'idée que les choses vont mal. Que la langue française est menacée, que le fédéralisme est bloqué et nous est néfaste, que le Québec n'est pas maître de son destin. L'ancienne ministre péquiste Lise Payette donnait récemment une démonstration saisissante de cette approche :

> Regardons les choses en face. Nous n'avançons plus. Nous faisons du surplace ou, pire, nous tournons en rond. Nous n'avons plus de projet collectif, plus de perspective d'avenir, plus de rêve commun. Nous dépensons nos énergies à essayer de sauver les acquis de la Révolution tranquille, ou ce qu'il en reste, afin de ne pas nous retrouver complètement démunis quand nous allons retomber sur nos pieds.
>
> Le fédéralisme, tel que pratiqué par Ottawa depuis Pierre Trudeau, a servi à étouffer le Québec. Toute velléité d'originalité et tout développement des caractéristiques propres à ce peuple pourtant si tenace ont été écrasés. Il a suffi à Ottawa de nous appauvrir sur le plan financier pour tuer dans l'œuf notre désir de dépassement et nos rêves de grandeur. En nous plaçant constamment en mode de survivance, Ottawa nous a tenus suffisamment occupés pour que nous ne puissions pas mettre nos efforts et nos idées au service d'un autre objectif que celui de durer[1].

Relisez chacune de ces phrases, et comparez-la à la réalité que vous voyez autour de vous. Vous verrez qu'elles sont toutes contredites par les faits. Le Québec dépense-t-il toute son énergie à sauver ce qui reste de la Révolution tranquille ?

Franchement ! L'héritage de cette Révolution – la démocratisation de l'éducation, le développement économique et culturel du Québec français, la mise en place d'institutions collectives proprement québécoises –, tout cela est non seulement intact, mais personne ne remet ces acquis en cause. Tout développement des caractéristiques propres aux Québécois aurait été écrasé ? Alors, comment expliquer les nombreuses ententes Québec-Ottawa (régime de retraite, immigration, formation de la main-d'œuvre, congés parentaux, services de garde, infrastructures…) ? Comment expliquer l'apport considérable d'organismes fédéraux (Radio-Canada, l'Office national du film) au développement de la culture québécoise ? Qui a été écrasé, au juste ? Les défenseurs de la souveraineté du Québec ont-ils été emprisonnés, harcelés, empêchés de s'exprimer ?

Selon Mme Payette, notre désir de dépassement et nos rêves de grandeur sont morts dans l'œuf. Où vivait-elle au cours des dernières décennies, alors que des Québécois nous ont remplis de fierté en réalisant leurs rêves les plus fous, ici et à l'étranger ? Un tel cumul d'affirmations non fondées aurait dû vouer l'auteure au ridicule. Il n'en fut évidemment rien.

À l'issue de son débat contre Jimmy Carter, lors des élections présidentielles américaines de 1980, Ronald Reagan avait frappé un grand coup en suggérant aux Américains de faire leur choix après s'être posé la question suivante : « Êtes-vous dans une meilleure situation aujourd'hui qu'il y a quatre ans ? » Les fédéralistes devraient s'inspirer de cette tactique et amener chaque Québécois à se demander : « Les choses vont-elles mieux aujourd'hui, au Québec et dans ma propre vie, qu'il y a trente ans ? vingt ans ? dix ans ? Le français se porte-t-il mieux ou moins bien ? La société québécoise est-elle plus ou moins prospère ? Les Québécois sont-ils davantage ou moins maîtres de leur destin ? Sont-ils plus ou moins présents dans le monde, sur les plans politique, économique et culturel ? » Pour la grande majorité d'entre nous, la conclusion de cette analyse sera positive. C'est la preuve que, même si tout n'est pas parfait, les choses marchent au Québec, et ce au sein du Canada.

On peut discuter longuement des causes de cet état de fait. Est-ce en raison du contexte nord-américain ? À cause du système canadien ? Grâce au génie québécois ? Notre prospérité économique, sociale et culturelle résulte d'un grand nombre de facteurs, parmi lesquels il ne faudrait pas oublier la chance. Quoi qu'il en soit, dans le débat sur l'avenir du Québec, il ne devrait plus s'agir de comparer un pays « qui ne marche pas » avec un pays idéal ; on devrait plutôt comparer le pays réel, qui nous a donné liberté et prospérité, à un pays hypothétique, dont les promoteurs ne peuvent d'aucune manière *garantir* qu'il nous offrira ces avantages au même degré.

De nombreux Québécois ont décidé, pour diverses raisons, que le jeu en vaut la chandelle. Leur choix est tout à fait légitime. Ce qu'il faut éviter, c'est que nous soyons amenés à choisir la souveraineté en nous fondant sur des chimères. Lors d'un discours prononcé au plus récent congrès du PQ, le chef du Bloc, Gilles Duceppe, a présenté la souveraineté comme la solution à tous les problèmes sociaux du Québec, jusqu'au dépeuplement des régions. « Des villages entiers ferment ! » a-t-il déploré. M. Duceppe ignore-t-il que tous les pays du monde, aussi souverains soient-ils, font face au même problème ? Comment les leaders souverainistes peuvent-ils entretenir de telles illusions ? Il me semble que, si les Québécois votent un jour en faveur de la souveraineté, il serait éminemment souhaitable qu'ils le fassent avec lucidité.

Une bonne idée

Les souverainistes ont également réussi à diaboliser l'idée même du fédéralisme. Selon un sondage Léger Marketing réalisé en mai 2005, seulement 33 % des Québécois se considèrent fédéralistes, tandis que 75 % se disent fiers d'être Canadiens. Ainsi, même parmi ceux qui voteraient NON à un prochain référendum, un grand nombre rejette l'étiquette « fédéraliste ». Pourtant, le fédéralisme est un système dont nous devrions être fiers, que nous envient d'ailleurs bien des peuples dans le monde. Je ne veux pas ici sortir les violons du « meilleur pays au monde » ; j'ai déjà expliqué que je n'aime pas cette musique-là. Je veux seulement souligner combien les principes à la base du fédéralisme sont sains et nobles.

Le fédéralisme est le système de gouvernement le plus efficace que l'être humain a trouvé pour permettre à des groupes ethniques, culturels ou religieux différents de relever le défi de la vie en commun, ce défi qui, si l'on en croit l'édition 2004 du Rapport mondial sur le développement humain[2], est l'un des principaux enjeux de notre siècle. Le fédéralisme est un pacte entre nations, États ou régions, qui partagent des objectifs communs, mieux servis par un regroupement, tout en refusant de se fondre en un tout uniforme. C'est, en somme, l'union dans le respect de la diversité. À notre époque de mondialisation, à laquelle sont mieux à même de faire face les grands ensembles, où par ailleurs ressurgit l'attachement à la nation, à l'ethnie, au territoire, le fédéralisme réapparaît en tant que solution d'avenir, comme ce fut le cas à l'époque où Tocqueville en vantait les mérites. Aujourd'hui comme il y a cent soixante-dix ans, on peut dire avec l'aristocrate français que « c'est pour unir les avantages divers qui résultent de la grandeur et de la petitesse des nations que le système fédératif a été créé[3] ». Comme le souligne le politologue américain John Kincaid :

> Le fédéralisme est souhaitable, entre autres, en raison de son engagement envers la diversité plutôt que l'homogénéité, et parce qu'il ne cherche pas à abolir le foyer, le village, la ville, la province, la nation, la région ou le continent dans le processus de transfert des pouvoirs à des instances générales et spécialisées de portée territoriale plus vaste. Le fédéralisme s'avère d'autant plus souhaitable et nécessaire que les collectivités raciales, ethniques, religieuses, linguistiques et nationales, qui sont à la fois nombreuses et diverses, tiennent à pérenniser la pertinence de leur identité géographique et politique[4].

Le pacte fédératif est davantage qu'une simple union d'États. Les participants tiennent à préserver leur autonomie, mais ils veulent aussi une union efficace. C'est pourquoi l'État fédéral dispose de sa souveraineté propre. Dans ses sphères de compétence, il a la légitimité d'agir indépendamment des provinces, s'il a l'appui de la population. Il en est de même pour les gouvernements provinciaux. Cette caractéristique confère au fédéralisme un autre avantage par rapport à l'État unitaire : la concurrence entre deux paliers de gouvernement. Au Québec, on a beaucoup parlé de cette concurrence en termes de dédoublements, de gaspillage, d'inefficacité. La compétition intergouvernementale recèle pourtant des avantages qui compensent largement ces inconvénients. En premier lieu, le citoyen est moins à la merci de l'État si la souveraineté est partagée. On l'a vu au Canada à de nombreuses reprises, alors qu'un palier de gouvernement est venu contrer les excès d'un autre. C'est en invoquant ce motif que la Cour suprême des États-Unis a défendu l'autonomie des États de l'Union :

> La Constitution ne protège pas la souveraineté des États pour leur profit ou celui de leurs gouvernements comme entités politiques abstraites, ni même pour celui des fonctionnaires qui les dirigent (…). La Constitution répartit l'autorité entre le gouvernement fédéral et ceux des États pour protéger les individus. La souveraineté des États n'est pas uniquement une fin en soi : « Plutôt, le fédéralisme garantit aux citoyens les libertés provenant de la diffusion du pouvoir souverain[5]. »

Le fédéralisme enrichit aussi la vie démocratique, comme l'explique la politologue Jennifer Smith, de l'Université Dalhousie :

> Le fédéralisme institutionnalise un système d'élites compétitives. Il y a toujours au moins deux arènes politiques, nationale et régionale, et souvent davantage. Ces arènes politiques ne sont pas étanches. Au contraire, les politiciens œuvrant dans une arène se disputent souvent avec ceux d'une autre, parfois en raison de désaccords réels, d'autres fois simplement pour leur faire porter le blâme pour des problèmes dont ils sont eux-mêmes responsables. Ce sont les citoyens qui profitent de ces échanges, parce qu'ils apprennent davantage lorsqu'il y a plus de débats[6].

Même le mouvement indépendantiste du Québec s'est ainsi enrichi! Plongés au cœur de l'arène politique fédérale, les députés du Bloc Québécois ont approfondi le discours souverainiste dans des domaines tels que le commerce international et la citoyenneté comme les péquistes n'avaient jamais su le faire précédemment.

La présence de deux niveaux de gouvernement permet aussi d'offrir aux citoyens une plus grande diversité d'approches et de services. Selon une des études faites pour le gouvernement Parizeau à la veille du référendum de 1995, 75 % des dépenses du gouvernement fédéral au Québec sont le fait de programmes complémentaires, plutôt que concurrents, à ceux du gouvernement du Québec[7]. On peut penser que plusieurs de ces programmes ne seraient pas nés si le Québec n'avait pas fait partie du Canada. Le gouvernement fédéral a sa philosophie propre qui se traduit dans les programmes qu'il conçoit. Les souverainistes diront qu'il vaudrait mieux que les Québécois gèrent leurs affaires seuls. Dans mon esprit, le vieux dicton « Deux têtes valent mieux qu'une » est pertinent ici comme en d'autres domaines. En matière de financement des études supérieures, par exemple, le fédéral a créé des bourses d'excellence et des chaires d'excellence qui profitent grandement aux meilleurs étudiants et chercheurs du Québec. Le gouvernement québécois n'aurait probablement pas osé adopter une telle approche, en raison de son obsession égalitaire. Les Québécois, eux, sont doublement gagnants : ils profitent de l'approche social-démocrate de leur gouvernement provincial et de la valorisation de l'excellence par le gouvernement canadien.

Deux autres exemples des avantages de la compétition intergouvernementale. Le ministre de l'Environnement du Québec, Thomas Mulcair, veut faire approuver au plus vite le prolongement de l'autoroute 25, un projet populaire dans sa circonscription lavalloise. À qui les groupes écologistes québécois ont-ils fait appel, devant la détermination du gouvernement Charest ? Au gouvernement fédéral ! Les ministères fédéraux de l'Environnement et des Transports ont respectivement juridiction sur les espèces menacées et sur les eaux navigables. Ils ont annoncé qu'ils examineraient le projet de la 25 en prenant tout le temps nécessaire, les fonctionnaires et élus fédéraux n'étant pas soumis aux impératifs et à l'autorité politiques de MM. Charest et Mulcair.

Dans leur texte dissident au rapport du Comité de travail sur la pérennité du système de santé et de services sociaux du Québec (le « rapport Ménard »), les centrales syndicales, toutes officiellement souverainistes, appuient pourtant leur position sur… la Loi canadienne sur la santé ! « Les quatre valeurs fondamentales sont celles qui sont enchâssées dans la Loi canadienne sur la santé et qui devraient l'être dans la Loi québécoise sur les services de santé et les services sociaux, c'est-à-dire la gratuité, l'universalité, l'accessibilité et l'intégralité », écrivent les représentants syndicaux. On a souvent, au Québec, décrié les effets de cette loi fédérale qui empiéterait sur un champ de compétence provinciale. Pourtant, c'est cette loi qui empêche le gouvernement du Québec d'aller dans le sens de la privatisation des soins de santé.

Comme jeune journaliste sur la colline parlementaire à Ottawa, j'ai vécu des moments de grande frustration en raison de l'incompréhension parfois manifestée par des politiciens et journalistes canadiens-anglais envers le Québec. Mais j'ai surtout été frappé par l'extraordinaire diversité des cultures régionales qui se côtoyaient au Parlement canadien. Même les députés bloquistes admettent en privé que la nécessité de travailler quotidiennement avec des gens d'autres horizons les a enrichis. Lors d'un discours récent, Gilles Duceppe a longuement fait état de ses visites à Toronto, à Calgary et dans d'autres régions du Canada. Si le Québec avait été souverain, M. Duceppe serait resté confortablement au Québec. Il n'aurait eu nul besoin de connaître et de se faire connaître des gens des différentes régions du Canada. Il n'aurait pas atteint la stature qu'il a aujourd'hui.

Les adversaires du fédéralisme canadien se plaisent à en décrier la supposée inefficacité, la lourdeur, les éternelles chicanes. Comme je l'ai déjà dit, la preuve ne leur est pas favorable. Car cette inefficacité, cette lourdeur, ces chicanes ont produit un des pays les plus prospères du monde ! Certes, le fédéralisme nécessite des aménagements complexes. Ce n'est pas parce que la formule est mauvaise ; c'est parce que le défi est colossal. Ce défi, renouvelé en permanence, devrait séduire les jeunes Québécois, eux qui sont férus de tolérance et d'ouverture aux autres. S'ils restent davantage attirés par la souveraineté, c'est peut-être parce que, encore aujourd'hui, comme l'écrivait Tocqueville, « une idée fausse, mais claire et précise, aura toujours plus de puissance dans le monde qu'une idée vraie, mais complexe[8] ». Mais c'est surtout, je crois, parce qu'on n'a jamais vanté aux jeunes d'aujourd'hui les mérites du fédéralisme en lien avec les questions qui les préoccupent.

Les auteurs du Rapport mondial sur le développement humain citent la « solution fédérale » en exemple, en particulier le fédéralisme asymétrique (auquel ils associent le système canadien) : « Si l'on considère la douzaine de pays ethniquement divers qui sont des démocraties de longue date, presque tous ont pris des dispositions fédérales asymétriques de sorte que l'on n'a pas attribué les mêmes compétences à toutes les sous-entités de l'État fédéral. Cette approche répond de manière plus flexible aux besoins des différents groupes[9]. »

Le fédéralisme comporte aussi l'immense avantage de permettre à chacun de combiner des identités multiples, une liberté humaine fondamentale :

> Il est important pour les individus d'avoir un sentiment d'identité et d'appartenance à un groupe partageant les mêmes valeurs et autres liens culturels. Mais chaque individu peut s'identifier avec de nombreux groupes différents. Les individus ont une identité citoyenne (par exemple être français), sexuelle (être une femme), raciale (être d'origine ouest-africaine), linguistique (parler couramment le thaï, le chinois et l'anglais), politique (avoir des opinions de gauche), et religieuse (être bouddhiste). L'identité comporte également une part de choix : au sein de ces affiliations, les individus peuvent choisir quelle priorité donner à une affiliation plutôt qu'à une autre dans différents contextes.

Les Mexicains-Américains pourront soutenir l'équipe de foot mexicaine mais servir dans l'armée américaine. De nombreux Blancs d'Afrique du Sud ont choisi de combattre l'apartheid en tant que Sud-Africains. Les sociologues nous disent que les individus ont des frontières identitaires qui séparent le « nous » du « eux », mais celles-ci changent et se brouillent afin d'incorporer de plus grands groupes de personnes[10].

C'est un aspect négligé dans le débat québécois. L'histoire nous a légué des identités multiples. Les enquêtes d'opinion publique sont formelles sur cette question : nous nous sentons Québécois, mais aussi Canadiens, Nord-Américains, Français, Montréalais... Michael Ignatieff écrit avec raison :

> En faveur d'une idéologie nationaliste qui rencontre les aspirations politiques d'un groupe de Québécois, tous les autres Québécois devront choisir entre le Québec et le Canada. C'est un choix qu'au moins 40 % de la population du Québec ne souhaite pas avoir à faire. Ils ne veulent pas être forcés de choisir entre deux citoyennetés, entre deux tracés de frontières. Ils veulent rester ce qu'ils sont : des Québécois et des Canadiens, dans un équilibre identitaire que chaque individu est libre de définir. L'argument fondamental en faveur du fédéralisme au Québec est qu'il permet ce choix : les différentes communautés du Québec peuvent décider elles-mêmes de l'équilibre des identités fédérale et provinciale qui leur convient[11].

La souveraineté comblerait peut-être notre « québécitude » ; mais elle nous priverait d'une autre partie de notre identité. Plusieurs d'entre nous y verraient une perte alors qu'aujourd'hui l'appartenance au Canada ne nuit d'aucune façon à notre identité québécoise. À la suite de la dissolution de la Tchécoslovaquie, un ancien premier ministre de ce pays, Petr Pithart, a écrit ce passage que nous aurions avantage à méditer :

> Au fil des 55 dernières années, les Tchèques ont perdu – comme colocataires de leur maison commune – les Allemands, les Juifs, les Ruthènes, les Hongrois et les Slovaques. Les Tchèques vivent dans un pays épuré sur le plan ethnique, même s'ils ne l'ont

jamais voulu ainsi. Il s'agit d'une grande perte intellectuelle, culturelle et spirituelle. (...) Nous rêvons aujourd'hui à la gloire passée de Prague, qui fut une ville tchèque, allemande et juive et dont l'éclat brillait au firmament. Mais il est impossible de gagner des élections avec ce type d'argument[12].

Les Québécois en sont venus à lever le nez sur le fédéralisme parce que celui-ci a été l'objet d'attaques incessantes, parce que les tentatives de réconciliation se sont souvent soldées par des échecs et parce que l'État fédéral a parfois été extraordinairement mal géré. À ces facteurs s'ajoute le fait que peu de partisans du fédéralisme canadien ont su bien le défendre. Pour un Trudeau, avec qui on peut être en profond désaccord mais dont on ne peut nier ni la sincérité ni l'efficacité, combien ne protègent que le statu quo, sans enthousiasme aucun ? Combien se taisent, de peur d'être traités de « traîtres », de « vendus » ou de « colonisés » ? De fédéralistes ?

Le fédéralisme n'est pas facile à promouvoir. Par essence, il s'agit d'un compromis, alors que l'émotion humaine préfère les solutions absolues. C'est parce que en matière politique celles-ci se révèlent généralement illusoires, voire dangereuses, que l'Homme en arrive à des compromis avec ses voisins. Je l'ai rappelé plus haut, George-Étienne Cartier présentait la mise en place de la Confédération canadienne comme la création d'une « nationalité politique ». C'est exactement ce qui s'est produit. Les Canadiens ont conservé leurs particularités, tout en construisant un pays dont ils sont aujourd'hui très fiers. Le fait que le Canada soit un pays politique, plutôt qu'ethnique, fait cependant que les citoyens n'ont pas tous avec lui le même rapport émotif. Les Québécois francophones, notamment, sont spontanément beaucoup plus attachés au Québec, qui touche leur âme même, qu'au Canada, qui est une idée, un concept. C'est encore une fois Tocqueville qui a le mieux dit les choses, parlant des États-Unis de son temps : « La souveraineté de l'Union est un être abstrait qui ne se rattache qu'à un petit nombre d'objets extérieurs. La souveraineté des États tombe sous tous les sens ; on la comprend sans peine ; on la voit agir à chaque instant. L'une est nouvelle, l'autre est née avec le peuple lui-même[13]. »

La tâche intellectuelle et politique des fédéralistes sera donc toujours considérable. De même que Cartier dut se défendre avec acharnement de sacrifier les intérêts des Canadiens français, les fédéralistes d'aujourd'hui ne peuvent se permettre aucun laisser-aller dans la mission pédagogique qui est la leur. Ils souffrent d'un désavantage : ils combattent des émotions fortes et sincères, alimentées par une foule de mythes et d'illusions. Mais ils disposent de deux grands atouts. D'abord, les faits leur donnent généralement raison ; au sein de la fédération canadienne, le Québec s'est merveilleusement bien développé. Deuxièmement, ils luttent pour un idéal noble et moderne, la collaboration entre les peuples.

Dans son allocution spontanée au Forum des fédérations, à Mont-Tremblant, en 1999, le président des États-Unis, Bill Clinton, a livré un message que les Québécois n'auraient pas dû oublier :

> À mon avis, lorsqu'un peuple estime qu'il doit être indépendant pour avoir une vie politique valable, il faut se poser de sérieuses questions. Y a-t-il violation des droits de la personne ? Y a-t-il moyen que les gens s'entendent s'ils sont de cultures et de milieux différents ? Les droits des minorités et ceux de la majorité sont-ils respectés ? Quels sont les intérêts de nos citoyens à long terme, sur le plan économique et sur le plan de la sécurité ? Comment allons-nous collaborer avec nos voisins ? La situation sera-t-elle meilleure ou pire si nous formons un État indépendant ou si nous faisons partie d'une fédération ?
>
> (...) Je crois que les États-Unis et le Canada sont parmi les pays les plus privilégiés du monde en raison de cette diversité – parfois concentrée, comme les Inuits dans le Nord, parfois très dispersée à l'intérieur d'une région, comme à Vancouver. Nous sommes privilégiés – parce que la vie est plus intéressante et plus amusante lorsqu'il y a autour de nous des gens différents qui ont une perception et une façon de penser différentes et qui ont une démarche spirituelle différente. Nous vivons à une époque intéressante. Et parce que nous grandissons et nous apprenons des gens qui sont différents de nous-mêmes, et parce que au lieu de

nous inspirer la peur et la haine et la déshumanisation, nous voyons dans leurs yeux une image de nous-mêmes et de notre humanité commune.

Je pense que nous gardons tout ça en tête : ce qui peut le mieux faire progresser notre humanité commune dans ce monde plus petit et à la structure de gouvernement qui est la plus susceptible de nous donner le meilleur des mondes, l'intégrité dont nous avons besoin, l'indépendance dont nous avons besoin, sans prétendre que nous pouvons couper tous les liens qui nous unissent au reste de l'humanité – je crois que de plus en plus de gens diront que le fédéralisme, ce n'est pas une si mauvaise idée.

Je suis convaincu qu'une grande majorité de Québécois en conviendront : le fédéralisme n'est pas parfait ; mais c'est une bonne idée. Comme la démocratie parlementaire et, exemple d'un autre ordre, l'Organisation des Nations unies, il s'agit d'une idée compliquée, difficile à mettre en pratique. Mais une bonne idée tout de même, parce que fondée sur des principes de justice, de paix et de tolérance.

Le fédéralisme comme œuvre inachevée

Dans le même discours, le président Clinton avait souligné la nature malléable du fédéralisme dans son pays : « Le fédéralisme n'est pas un système figé. Il doit être, par définition, un système évolutif. Pendant plus de deux cents ans, le pendule des pouvoirs a oscillé d'un côté, puis de l'autre. » En cela, le fédéralisme canadien n'est pas différent de l'américain. Encore ici pourtant, le discours nationaliste a forgé la conscience des Québécois de sorte que le mot le plus souvent associé au fédéralisme canadien est « statu quo ».

Il n'est pas étonnant que le contrat fédératif comme tel ne soit pas facilement modifié ; c'est même un des principes du fédéralisme : un pacte entre différents groupes, *garanti par une constitution*. Le fédéralisme assure ainsi la stabilité aux partenaires. Cela dit, lorsqu'on considère l'histoire du Canada depuis la signature du pacte de 1867, on est surtout frappé par le nombre considérable de changements survenus.

Des changements dans le texte de la Constitution (1940, 1982, 1997...). Des changements dans le partage des revenus entre les paliers de gouvernement. Des changements dans le partage des responsabilités (concernant, dans le cas du Québec, les pensions, l'immigration, la formation de la main-d'œuvre, les congés parentaux, la perception des taxes de vente...). La réalité de ces changements se reflète d'ailleurs dans les nombreuses modifications de l'argumentaire souverainiste; la cible fédéraliste ne cesse de bouger! Les souverainistes ne pourraient tout simplement pas faire campagne aujourd'hui avec les mêmes arguments qu'en 1995 : en à peine dix ans, le fédéralisme canadien a suffisamment changé pour les rendre caducs.

La prochaine campagne référendaire, si elle a lieu, aura probablement le déséquilibre fiscal comme thème central. Or, ce problème est né il y a moins de dix ans. Jusque-là, c'est le gouvernement fédéral qui était victime d'un déséquilibre fiscal le forçant à s'endetter pour payer les programmes sociaux gérés par les provinces. Le caractère conjoncturel du déséquilibre fiscal est illustré par un rapport produit au printemps 2005 par un sous-comité de la Chambre des communes. Plutôt que de dénoncer la nature du système de transferts, comme ils devraient le faire en toute logique indépendantiste, les députés bloquistes se sont alliés aux conservateurs et aux néo-démocrates pour proposer des solutions au déséquilibre fiscal. Si même une partie de ces solutions étaient retenues, l'essentiel du problème serait réglé, les hypothèses du « budget Legault » gravement handicapées, et l'argumentaire souverainiste des années 2000 privé de son principal élément.

Les souverainistes rétorqueront que jamais le gouvernement fédéral n'adoptera les recommandations des députés. En réalité, il semble évident que le fédéral et les provinces vont éventuellement s'entendre sur une réforme du fédéralisme fiscal; la pression sur Ottawa est tout simplement trop forte, en provenance non seulement des provinces, mais aussi de la population et même du ministère fédéral des Finances. Une telle évolution serait d'autant plus probable si le Parti conservateur était porté au pouvoir, lui dont la conception du fédéralisme est beaucoup plus régionaliste que celle des libéraux. Le déséquilibre fiscal n'aura duré qu'une décennie, au plus deux. Encore là, le système aura réagi au problème et évolué en conséquence.

Les Québécois ont l'impression que le fédéralisme canadien est coulé dans le béton parce que c'est ce qu'on ne cesse de leur répéter. Cette perception est confortée par l'échec de l'accord du lac Meech, par l'impossibilité, malgré des années d'efforts, d'en arriver au Grand Accord qui réglerait tous les problèmes, et qui en particulier accorderait formellement au Québec une place propre dans la Constitution canadienne. Je partage évidemment le vœu qu'une telle entente soit un jour possible. Mais je pense aussi que, aveuglés par ce rêve, les Québécois ignorent à quel point le fédéralisme a changé, souvent sous leur impulsion et à leur avantage. Cela étant, il n'y a pas lieu de désespérer de l'avenir, au contraire. Si les Québécois persistent à s'investir dans le Canada, ils continueront d'avoir une influence marquante sur la suite des choses. S'ils s'en désintéressent, le Canada évoluera sans eux. Cela réjouirait les souverainistes, parce que le Québec se rapprocherait de facto de l'indépendance. Ce n'en serait pas moins une mauvaise stratégie, car le Québec se priverait graduellement des avantages, tangibles et intangibles, de l'appartenance canadienne. C'est le grand risque de la voie de réforme du fédéralisme prônée par plusieurs Québécois, l'asymétrie.

Un fédéralisme asymétrique concède aux États fédérés des arrangements distincts correspondant à leurs besoins particuliers. Dans les faits, le fédéralisme canadien comporte déjà plusieurs aspects asymétriques. Faut-il aller plus loin? « Si les Canadiens anglais acceptaient l'asymétrie, alors la revendication d'un statut particulier par le Québec ne représenterait plus un obstacle à l'accroissement du rôle du gouvernement fédéral, écrit le politologue Will Kymlicka. Les Canadiens anglophones pourraient alors exprimer leurs aspirations nationales sans éprouver la crainte de paraître aussi insensibles au Québec[14]. » L'adhésion pleine et entière du gouvernement du Canada au principe de l'asymétrie aurait un avantage important par rapport à la concession d'un statut particulier au Québec : elle permettrait d'offrir un statut particulier *à toutes les provinces qui le souhaitent*, selon leurs domaines d'intérêt. Ainsi, les provinces demeureraient juridiquement égales tout en choisissant de gérer chacune à sa manière les relations avec l'entité fédérale.

Cependant, comme Kymlicka le note lui-même, une fédération qui choisit l'asymétrie joue un jeu dangereux. Si on allait jusqu'à accorder au Québec l'autonomie complète dans plusieurs champs de compétence jusqu'ici partagés ou fédéraux, les citoyens des autres provinces finiraient inévitablement par s'interroger : pourquoi les députés québécois à Ottawa ont-ils toujours leur mot à dire sur la gestion de ces champs de compétence dans l'ensemble du pays ? C'est pour cette raison que Pierre Trudeau s'était, dès le départ, opposé à tout statut particulier pour le Québec :

> Tous les statuts particuliers dont on a parlé jusqu'à présent, quel que soit leur contenu, posent en somme le problème de logique suivant : comment concevoir une constitution qui donnerait au Québec plus de pouvoirs qu'aux autres provinces, mais qui ne réduirait en rien l'influence des Québécois sur Ottawa ? Comment faire accepter aux citoyens des autres provinces qu'au niveau fédéral ils auraient moins de pouvoirs sur les Québécois que ceux-ci en auraient sur eux[15] ?

L'asymétrie risquerait donc de mener, au fil du temps, à une diminution de l'influence des Québécois au Canada. Abandonnant encore un peu plus la joute du fédéralisme, les Québécois se plaindraient ensuite – c'est typique ! – de ce que le reste du Canada ne tient pas suffisamment compte de leurs intérêts. En bout de piste, la tentation de briser les liens une fois pour toutes pourrait s'en trouver plus forte encore. Kymlicka écrit :

> On peut s'attendre à ce que la minorité nationale résiste à toute réduction significative de sa représentation au niveau fédéral.

Après tout, ils constituent déjà, par définition, une minorité au niveau fédéral, et réduire leur influence davantage fera du gouvernement fédéral une entité encore plus lointaine, une menace. Le fédéral sera perçu de plus en plus comme un gouvernement « étranger ». Plus l'influence du Québec sera réduite au niveau fédéral, plus il sera tentant pour les Québécois de faire chemin seuls, et de rechercher la sécession[16].

J'adhère au principe de l'asymétrie. Simplement, comme l'arme est à deux tranchants, j'estime qu'il faut la manipuler avec beaucoup de précaution. Le ministre québécois des Affaires intergouvernementales, Benoît Pelletier, partisan de l'asymétrie, convient lui-même des risques inhérents au concept :

> Le fédéralisme asymétrique demande, par ailleurs, de garder le souci d'une cohérence et d'une cohésion d'ensemble. On ne peut, sans mettre en cause le principe fédéral, faire l'économie des responsabilités fédératives de base telles que la solidarité, la mise en commun des risques et des chances économiques et sociales ou la participation au projet commun. Le fédéralisme asymétrique a donc des limites s'il veut rester « fédéralisme »[17].

Il me semble que l'asymétrie ne devrait pas s'appliquer au partage des compétences défini dans la Constitution, mais seulement à la gestion des programmes fédéraux, en particulier lorsque ces programmes agissent dans les champs de compétence des provinces. Un premier pas a été franchi dans cette direction avec l'entente des premiers ministres sur la santé. Cette entente confirme formellement ce qui était devenu la pratique, dans le domaine de la santé comme dans bien d'autres : lorsqu'il est question du Québec, le gouvernement fédéral n'impose ses conditions que sur papier, et encore. Bien que vite oubliée – un autre gain du Québec rangé au grenier ! –, cette entente constitue une étape historique dans l'évolution philosophique du fédéralisme canadien. Il faut lire attentivement le passage suivant, en se rappelant que ce texte a été signé par tous les premiers ministres du pays :

> Reconnaissant qu'un fédéralisme asymétrique permet l'existence d'ententes particulières pour n'importe quelle province, les premiers ministres ont également convenu qu'un communiqué distinct soit émis pour faire état des arrangements intervenus entre le gouvernement du Canada et le gouvernement du Québec en ce qui a trait à l'interprétation et à la mise en œuvre du présent communiqué. Le financement rendu disponible par le gouvernement fédéral sera utilisé par le gouvernement du Québec pour mettre en œuvre son propre plan visant notamment à assurer l'accès à des soins de santé de qualité en temps opportun et à réduire les délais d'attente.

Non seulement le principe de l'asymétrie est-il formellement reconnu pour la première fois, mais tous les premiers ministres ont aussi accepté que le Québec utilise l'argent venant du fédéral pour « son propre plan ». Jamais accord fédéral-provincial n'avait cautionné aussi explicitement la place particulière du Québec. Cela s'est fait, somme toute, sans grande vague d'indignation dans le reste du Canada. Et cet accord ouvre la voie à des ententes similaires dans d'autres domaines ; le précédent créé, il sera difficile pour le fédéral et les autres provinces de revenir en arrière. On peut voir là la preuve de l'évolution qu'envisage l'historien Jocelyn Létourneau :

> À la longue, si tant est que le processus de dualisation territoriale du Canada continue de s'affirmer comme cela est probable, la réalité sociologique et politique des deux « majorités » au pays deviendra à ce point puissante et incontournable qu'elle finira par s'inscrire en douceur dans les principes de gouverne du Canada. Partie prenante du pays, le Québec sera en même temps de facto, sinon de jure à plusieurs égards, société distincte ET participante du Canada – ce qui est bel et bien le désir de la majorité des Québécois[18].

L'accord sur la santé est une démonstration de plus que le système fédéral est loin d'être immobile. Les Québécois doivent continuer de pousser dans cette direction – pousser de l'intérieur – plutôt que de braquer à nouveau le reste du pays par une menace de sécession. Comme ce fut toujours le cas, la fédération continuera d'évoluer. Par définition, le fédéralisme est un *work in progress*. Lorsqu'on le compare à un absolu, il peut paraître complexe, lourd et lent. Mais si on abandonne l'euphorie pour revenir sur terre, on ne peut que s'étonner de la capacité du système canadien de gérer une réalité multiculturelle aussi complexe, sur un territoire aussi vaste.

Le défi réel

Les Québécois sont – encore une fois! – à la croisée des chemins. Ils peuvent continuer à se plaindre de leurs souffrances et rêver aux pays des merveilles qui leur sont proposés – qu'il s'agisse du Québec souverain ou d'un fédéralisme renouvelé exactement selon leurs seuls désirs; ou bien ils peuvent choisir le pays réel. Avec ses défauts, qui ne sont pas négligeables. Mais aussi avec ses avantages et ses possibilités, qui sont considérables.

Choisir le pays réel nous permettrait de sauvegarder des acquis qui font l'envie de bien des gens ailleurs sur la planète. « Au hit-parade mondial, écrivait récemment l'hebdomadaire français *Le Point*, l'image de marque du Canada bat tous les records. Dans toutes les enquêtes, comme l'index du développement humain publié chaque année par l'ONU, le Canada revient en tête des pays les mieux perçus pour la qualité de vie et la démocratie. Auprès des Français, selon un tout récent sondage BVA, c'est le pays étranger le plus populaire, loin devant l'Allemagne, sans parler des États-Unis[19]. »

Surtout, choisir le pays réel nous permettrait d'attaquer de front les vrais défis du Québec plutôt que de poursuivre des chimères. Rien n'est plus dramatique dans la persistance, voire la remontée de la popularité de la thèse souverainiste: elle menace de nous faire perdre des tonnes de temps et d'énergie, alors que ceux-ci sont requis ailleurs. D'urgence.

Une nation en péril*

Je me souviens d'une rencontre avec Mario Dumont, au début de la campagne électorale d'avril 2003. Ce soir-là, Dumont avait fait porter son discours sur le choc démographique. Les journalistes se grattaient la tête, ne comprenant pas pourquoi le chef de l'ADQ abordait un sujet aussi aride, aussi lointain. Lorsque je l'avais questionné sur cet étonnant choix tactique, Dumont avait répondu avec conviction qu'il s'agissait à son avis du grand défi du Québec moderne. Il avait raison. Depuis, la thèse a été reprise un peu partout, y compris par les autres formations politiques. Mais les Québécois n'ont pas encore compris l'ampleur du défi. C'est pourtant la survie du Québec français, en tout cas du Québec français et prospère, qui est en jeu.

Pourquoi tardons-nous tant à nous préoccuper sérieusement du problème ? Le vieux démographe Jacques Henripin s'en étonne et se demande ce qui nous retient d'adopter une politique nataliste, ou même de prononcer le mot :

> Quand une société humaine a réduit le niveau de sa procréation au point que chaque génération n'engendre que les trois quarts des enfants qui seraient nécessaires pour s'assurer un complet remplacement, on ne voit pas où est l'infamie. Si pareille aventure frappait une espèce animale quelconque – hyènes et moustiques exceptés, et encore ! –, on ferait campagne pour corriger une pareille anomalie[20].

Selon les projections de l'Institut de la statistique du Québec, nous serons 7,8 millions en 2050, à peine 300 000 personnes de plus qu'aujourd'hui. Le reste du Canada comptera 29 millions d'habitants, la part du Québec passant de 23 % à

---

* Le lecteur trouvera plusieurs traits communs entre l'analyse qui suit et le manifeste « Pour un Québec lucide » publié à l'automne 2005 par 12 personnalités québécoises. Ayant participé à la rédaction de ce texte, je me permets de reprendre à ma manière certaines des idées que nous exprimions.

21 %. Le poids politique du Québec au sein du Canada s'en trouvera diminué. C'est déjà un problème, que les souverainistes voudraient contourner en quittant le bateau canadien. Cela fait toutefois, le plus gros défi resterait entier, voire amplifié. Car pendant que la population du Québec cessera de croître, celle de nos voisins et concurrents, elle, augmentera à un rythme rapide. En 2050, les États-Unis compteront 395 millions d'habitants, 100 millions de plus qu'aujourd'hui. À l'heure actuelle, la population américaine croît de l'équivalent de la population entière du Québec à tous les trois ans ! Ajoutons à cela l'Amérique latine et les Caraïbes : en 2050, 780 millions d'habitants, 200 millions de plus qu'aujourd'hui. Dans quarante ans, les 7,8 millions de Québécois seront entourés par près de 1,2 milliard de personnes, la grande majorité d'entre eux parlant anglais ou espagnol. Un grain de sable dans le désert. Comment maintenir la vitalité du français dans un tel environnement ? Comment attirer et franciser les immigrants ? Comment négocier avec nos voisins « d'égal à égal » ?

Les Québécois s'intéressent peu à ce problème parce qu'ils n'en réalisent ni l'ampleur ni la proximité. L'an 2050, cela paraît bien loin. Malheureusement, les conséquences du déclin démographique n'attendront pas si longtemps pour se faire sentir. Une étude réalisée par le ministère des Finances du Québec montre que le choc démographique aura un impact dès la prochaine décennie[21]. En effet, le nombre de Québécois en âge de travailler (16 à 64 ans) commencera à baisser en 2012. C'est demain. Moins de travailleurs veut dire moins de production, moins de production signifie une économie moins prospère, des citoyens moins riches et un gouvernement plus pauvre. Selon les estimations des experts des Finances, la décroissance et le vieillissement de la population couperont de moitié l'augmentation annuelle du produit intérieur brut du Québec, et ce dès la décennie 2010-2020. Le niveau de vie des Québécois croîtra également moins rapidement, de sorte que, en comparaison avec les Ontariens et, surtout, les Américains, les Québécois s'appauvriront (je note ici que, si un tel scénario se concrétisait, le Québec aurait grand besoin des paiements de péréquation versés par le gouvernement fédéral, dont il ne pourra évidemment pas profiter s'il est devenu souverain). À l'heure actuelle, le niveau de vie des Québécois est de 16 % moins élevé que celui de leurs voisins de l'Ontario, et de 21 % moins élevé que celui des citoyens des États-Unis. « Le choc démographique rendrait ainsi encore plus difficile l'élimination de l'écart de niveau de vie qui existe entre le Québec et l'Ontario », soulignent les auteurs de l'étude. La population en âge de travailler diminuant, le taux de chômage baissera à 5 %, une situation de plein-emploi dont rêvent les économistes québécois depuis des lunes. Le problème, c'est qu'un taux de chômage si faible cachera d'importantes pénuries de main-d'œuvre dans certains secteurs.

À cause du vieillissement de la population et des améliorations technologiques, les coûts du système de santé augmenteront deux fois plus vite que les revenus de l'État québécois. Même une correction du déséquilibre fiscal ne changera pas grand-chose à cette dynamique. En 2020-2021, le gouvernement du Québec devra dépenser 48 milliards pour la santé et les services sociaux, consacrant à ce seul poste de dépenses la moitié de ses revenus. Tous les autres programmes devront subir de fortes compressions. « D'ici trente ans, selon l'étude, les dépenses de santé pourraient représenter environ 85 % des dépenses de programmes du gouvernement du Québec, contre 42,6 % en 2004. » Selon le rapport du Comité de travail sur la pérennité du système de santé et de services sociaux (rapport Ménard), l'écart entre la croissance des dépenses en santé et celle des revenus du gouvernement du Québec creusera un trou béant de plus de 9 milliards d'ici une quinzaine d'années.

Les projections ne sont que cela, et bien des événements peuvent se produire qui modifieraient le cours des choses. « Les tendances [démographiques], pour significatives qu'elles soient, ne sont pas des faits avérés. Le dernier mot appartient à l'humain. Il n'y a rien de plus têtu ni de plus rebelle que le goût de vivre[22] », a déjà dit à ce sujet Lucien Bouchard. Toutefois, l'avenir paraît suffisamment sombre pour justifier une réflexion collective en profondeur, puis une mobilisation. On n'assiste pour l'instant à rien de tel. Les Québécois rêvent à un monde meilleur, sans se préoccuper du tsunami qui approche. Et lorsqu'il balaiera tout sur son passage, ils blâmeront Ottawa ! On a vu une belle démonstration de cet aveuglement volontaire dans la réaction des centrales syndicales à la publication du rapport Ménard. Non contentes de dénoncer les solutions préconisées, ce qui est évidemment leur droit, elles ont accusé le Comité de s'être livré à une « analyse catastrophiste » de l'évolution des finances publiques du Québec. Or, cette analyse concorde avec celle qu'avait faite aussi François Legault, alors qu'il était ministre de la Santé, et avec celle du Conference Board du Canada, sur laquelle s'appuient tous ceux qui dénoncent le déséquilibre fiscal entre Ottawa et les provinces, dont ces mêmes centrales syndicales ! Les syndicats proposent-ils, eux, une analyse chiffrée plus rassurante ? Non. Tel le capitaine du *Titanic*, ils nous invitent à faire un acte de foi. Or, ce n'est pas ainsi qu'on doit gouverner un État, qu'il soit province ou pays.

L'impasse des finances publiques n'est pas certaine. Mais elle est probable. La diminution du poids démographique et l'affaiblissement économique qui en résulte, eux, sont des tendances lourdes. Une petite nation comme la nôtre ne peut se permettre de ne pas agir énergiquement pour répondre à de tels défis. Que faire ? Je n'ai pas la prétention de proposer ici des solutions à un problème extraordinairement complexe. Toutefois, il me semble qu'existent à une recherche fructueuse de solutions quelques conditions sine qua non. Je les regroupe toutes sous un même titre, qui exprime une urgence, une nécessité : le courage de faire des choix ! Pour faire face à la concurrence des grands, les petits n'ont d'autres solutions que de travailler plus fort, d'être mieux formés et de faire preuve d'une audace décuplée.

Pouvoir parler

Les forces favorables au statu quo sont puissantes. Bien qu'elles défendent l'immobilisme, elles prétendent avoir le monopole du progressisme. Quiconque ose contester leur point de vue est ostracisé, dénoncé comme ennemi de la nation. Cela doit changer. Une société ne peut pas avancer s'il n'est pas permis de critiquer l'ordre établi. On me traitera de néolibéral, de vendu, de colonisé; les étiquettes sont l'arme des faibles. Devant le défi colossal auquel nous sommes confrontés, nous n'avons d'autre choix que de remettre en cause ce que nous faisons, en nous demandant si nos méthodes sont adaptées à ce contexte nouveau. Il ne s'agit pas seulement de revoir les programmes gouvernementaux. Il faut remettre en question notre façon de penser, nos habitudes de vie, notre langage, notre culture en somme. Les entreprises, les syndicats, les établissements de santé et d'éducation, les groupes populaires doivent aborder le problème de front : le choc démographique et l'affaiblissement économique ne sont à l'avantage ni des uns ni des autres. Nous ne nous en sortirons que si chacun met l'épaule à la roue.

Une impasse à résoudre

Le Québec a connu au cours des dernières années une période de forte croissance. L'avenir sera cependant moins rose. Le choc démographique, on l'a vu, freinera notre économie. En outre, certaines déficiences du modèle québécois n'ont toujours pas été corrigées et risquent de nous causer des problèmes croissants dans l'avenir. C'est le cas, en particulier, du fardeau fiscal, qui comme on le sait est le plus élevé en Amérique du Nord. Ce niveau d'imposition, répète-t-on, est le résultat de choix de société. Ces choix ne devraient pourtant pas être intouchables; il faut s'assurer qu'ils ne sont pas contre-productifs et sont viables à long terme. C'est là que le bât blesse. En effet, dès que les finances publiques ont été remises en ordre à la fin des années 1990, le gouvernement du

Québec a lancé de nouveaux programmes sociaux, les plus généreux en Amérique du Nord, en se souciant trop peu de la capacité qu'aurait la société québécoise de les payer. Je pense ici à l'assurance-médicaments, aux garderies à 5 $, et à l'assurance parentale. Ces programmes entraînent tous des coûts croissants et difficiles à comprendre. Dans tous les cas, ces coûts ont été sous-estimés au départ.

Les budgets gouvernementaux sont donc de plus en plus sollicités. Or, les exigences de la compétitivité limitent la marge de manœuvre du gouvernement du Québec en ce qui a trait à l'augmentation de l'impôt sur le revenu des contribuables. D'ailleurs, tous les partis politiques provinciaux ont reconnu la nécessité d'alléger le fardeau fiscal des Québécois. Les gouvernements du Parti Québécois et du Parti libéral ont franchi quelques pas dans cette direction au cours des dernières années. Nous nous retrouvons par conséquent dans une impasse : des programmes sociaux de plus en plus coûteux, des revenus gouvernementaux qui croissent de plus en plus lentement, un fardeau fiscal excessif, une dette publique toujours grandissante, le tout devant être supporté par une société plus pauvre que ses voisines et concurrentes. Un exemple suffira pour illustrer le paradoxe : en 1992, le gouvernement du Québec dépensait 800 $ par habitant de plus que le gouvernement ontarien. Dix ans plus tard, cet écart a plus que doublé, atteignant 2 100 $[23] ! Or, le Québec reste considérablement moins riche que l'Ontario.

Nous pouvons mettre notre tête collective dans le sable et continuer de défendre chaque poil du modèle québécois ; un jour ou l'autre, il faudra nous rendre à l'évidence que ce modèle doit être taillé à la mesure de nos moyens plutôt qu'à celle de nos fantasmes. D'autres pays sont confrontés à une nécessité similaire. C'est le cas, en particulier, de la France, qui s'obstine à préserver chaque pan de son modèle même si celui-ci la rend de moins en moins concurrentielle. Quand on suit l'actualité française, on est frappé par la similitude des situations. « Au lieu d'expliquer la situation réelle de la France, de favoriser une prise de conscience des citoyens pour les convaincre de la nécessité du changement, l'essentiel du discours politique a été consacré à l'éloge de l'immobilisme au nom de l'excellence de l'exception française[24] », déplore l'économiste français Nicolas Baverez.

Ah ! la qualité de vie

Comme les Français par rapport au reste de l'Europe, les Québécois travaillent moins d'heures que les autres Canadiens (en 2002, 32,8 heures par semaine contre 34 heures pour les Ontariens). Le fossé est encore plus grand quand on regarde au sud de la frontière : les Américains travaillent en moyenne cinq heures par semaine de plus que nous. En outre, chaque heure de travail est moins productive ici qu'ailleurs. Pourtant les Québécois rêvent d'une semaine de travail encore plus courte ! On l'a vu au vif intérêt qu'a suscité le premier ministre d'alors, Bernard Landry, lorsqu'il a promis en 2003 d'instaurer la semaine de quatre jours. Il n'y a bien sûr rien de mal à vouloir bénéficier de plus de temps pour soi, sa famille, ses loisirs. Mais cette différence nous coûte cher. Selon une simulation faite par le ministère des Finances du Québec, si les Québécois travaillaient le même nombre d'heures que les Ontariens (1,2 heure de plus par semaine), le PIB par habitant augmenterait de plus de 1 000 $, ce qui comblerait presque un cinquième du fossé de richesse collective qui nous sépare de l'Ontario[25]. Autre phénomène qui nuit à notre croissance économique : les travailleurs québécois prennent en moyenne leur retraite plus tôt. Les statistiques montrent que les Québécois de 55 à 64 ans sont beaucoup moins nombreux à travailler que les habitants des États concurrents.

Dans le contexte de ralentissement démographique et économique décrit plus haut, ces choix individuels et collectifs deviendront bientôt intenables. Une société qui s'appauvrit ne peut pas assurer à sa population une qualité de vie supérieure à celle que se permettent des sociétés plus prospères. Il faudra, tout en préservant le plus possible le modèle qui nous est cher, faire des choix qui nous permettront aussi de croître, de soutenir la concurrence de nations plus populeuses et plus jeunes. Le Québec est condamné à se distinguer par son ardeur au travail, par la qualité des biens qu'il produit, par son audace et son originalité.

Investir en éducation

Ici, le mot « investir » a deux significations. D'abord, il faut faire de la formation une donnée forte de la culture québécoise. Il faut inculquer aux jeunes le goût, l'urgence de l'éducation. Il faut à tout prix résister à la tentation de diminuer les exigences. Il faut cesser de bouleverser les écoles par des réformes inspirées des théories pédagogiques à la mode, qu'on finit toujours par abandonner après une décennie de tâtonnements. Il faut profiter de l'avantage formidable que constitue le bilinguisme de la société canadienne pour donner à nos jeunes une compétence linguistique sans pareille, en français bien sûr, mais aussi en anglais, en espagnol et, pourquoi pas, en chinois.

Le déclin démographique exigera de nos entreprises qu'elles trouvent des marchés hors du Québec ; la maîtrise de plusieurs langues sera plus essentielle que jamais. C'est un domaine où le Québec pourrait jouir d'un avantage comparatif formidable. À condition de mettre un terme à nos futiles chicanes sur l'enseignement de l'anglais en première année ou au cégep. Lors du congrès du PQ en juin 2005, j'ai été renversé de constater à quel point certains nationalistes ont une perception dépassée de l'attrait qu'exerce l'anglais. Au cours d'un atelier, des militants ont déploré que les étudiants de nos universités soient tenus de lire des textes en anglais. Ce même débat avait cours il y a trente ans, alors que j'étais moi-même étudiant. Depuis, l'anglais s'est imposé davantage encore comme langue internationale. La maîtrise de l'anglais est considérée comme essentielle dans tous les pays du monde, jusqu'en Chine, et cela n'a rien à voir avec les velléités assimilatrices de Lord Durham.

En raison de la présence chez nous d'une ancienne communauté anglophone et de notre insertion au sein du Canada, le Québec bénéficie d'un contexte idéal pour permettre à ses jeunes de devenir bilingues. Le gouvernement du Québec devrait tout faire pour améliorer la compétence des Québécois en anglais. Malheureusement, il doit y aller avec une prudence excessive tellement certains continuent de penser qu'un enfant francophone qui apprend l'anglais sera vite assimilé. On se contente donc de permettre aux Québécois de baragouiner péniblement quelques mots d'anglais. Nos jeunes restent linguistiquement purs... et professionnellement limités ! Lors du congrès du PQ, un cégépien a expliqué pourquoi il avait choisi de faire ses études collégiales dans un établissement anglophone. Sorti du secondaire, il ne parlait pas un mot d'anglais. Or, il a comme ambition de faire des études universitaires hors du Québec. Lorsqu'il a vanté les institutions scolaires de langue anglaise – quel moyen formidable d'apprendre la langue de Shakespeare ! –, les présentant comme un atout à préserver, il a été copieusement hué.

S'ils le souhaitaient, les Québécois pourraient faire de leurs compétences linguistiques une caractéristique forte. Cela nous permettrait d'attirer des entreprises étrangères ici et d'exporter notre savoir-faire partout dans le monde. Ce ne sera certainement pas possible tant que nous aurons peur de l'expression « bilinguisme ». Les apôtres de la pureté linguistique concèdent qu'il serait avantageux pour les Québécois de devenir trilingues. Mais ils refusent d'admettre qu'avant de maîtriser trois langues il nous faudra en maîtriser deux... Il est donc essentiel en ce domaine de « changer de chapitre », comme nous y invite Christine Fréchette, du Forum sur l'intégration nord-américaine : « En quoi l'apprentissage d'autres langues viendrait-il remettre en question notre lien avec la langue française ? Nous ne sommes pas plus Québécois lorsque nous sommes unilingues français. (...) Si l'on confine les Québécois à l'apprentissage d'un anglais incertain pour supposément les protéger d'une mer anglophone, c'est à un assèchement linguistique que nous les destinons, en cette ère d'ouverture et de diversité culturelle et linguistique[26]. »

Le Québec doit aussi investir financièrement, beaucoup plus qu'aujourd'hui, dans la formation. Le gouvernement n'ayant pas les moyens de faire plus, les sommes supplémentaires devront venir des étudiants eux-mêmes et des entreprises. Le gel des droits de scolarité universitaires est une politique qui n'a aucun sens, sinon qu'elle permet de faire l'économie de manifestations étudiantes. Aucune étude n'a montré de lien entre le niveau des droits de scolarité et l'accessibilité aux études universitaires. C'est même le contraire : plusieurs des pays où le taux de fréquentation universitaire est élevé imposent des droits de scolarité beaucoup plus coûteux que le Québec[27] ; c'est le cas des États-Unis et du Royaume-Uni. Par contre, la France et l'Allemagne, où les études universitaires sont gratuites, comptent proportionnellement moins de bacheliers que le Québec. D'ailleurs, le taux de fréquentation universitaire a continué de grimper au Québec après que Claude Ryan, alors ministre de l'Éducation, a osé tripler les droits de scolarité en 1991-1992. Au cours des dix années suivantes, les droits ont été à nouveau gelés ; ils sont donc aujourd'hui beaucoup plus bas que dans les autres provinces canadiennes. Pourtant, le Québec n'a pas comblé son retard quant à la proportion de la population formée à l'université. Alors, quelle est l'utilité d'une telle politique ? On sait quel en est l'effet : les universités québécoises ont été privées de sommes importantes qui auraient pu être investies dans la qualité de l'enseignement. Rehausser les droits de scolarité des universités québécoises au niveau de la moyenne canadienne leur donnerait 400 millions de plus par an. Ici encore, nos élus devront avoir le courage de laisser tomber les mythes qui nous encombrent et mettre en place les politiques qu'impose la réalité.

Exploiter l'or bleu

Les ressources hydroélectriques sont la clé de notre avenir. Les Québécois observent avec envie la richesse pétrolière de l'Alberta et le développement économique phénoménal qu'elle permet. Sans penser plus avant, ils refusent toute hausse du prix de l'électricité – notre pétrole à nous! Lorsque le patron d'Hydro-Québec, André Caillé, a osé suggérer que les Québécois paient l'électricité à sa juste valeur marchande (7 cents le kilowatt/heure plutôt que 2,79 cents), il s'est vite fait rabrouer par le gouvernement. On dit même que cette déclaration a contribué à sa mise à l'écart. Pourtant une telle politique permettrait de dégager une somme de trois milliards par an. Trois milliards! M. Caillé pense que ce montant devrait être consacré aux dépenses de santé et d'éducation. Le Comité Ménard sur la pérennité du système de santé a proposé de son côté que le produit des hausses de tarifs soit consacré au remboursement de la dette de l'État québécois; une hausse annuelle de 2 % des tarifs d'électricité permettrait des économies d'intérêt de près de deux milliards par an dans dix ans, une marge de manœuvre appréciable. De son côté, un panel d'experts formé par *La Presse* a mis de l'avant l'idée d'investir ces milliards dans un fond destiné aux infrastructures, tel le Heritage Fund albertain. Ce serait une façon d'utiliser cet argent de manière durable, plutôt que de le jeter dans le puits sans fond des dépenses courantes de l'État. L'amélioration des infrastructures contribuerait à la prospérité et à la compétitivité du Québec, aujourd'hui et dans l'avenir.

Bien sûr, notre facture d'électricité augmenterait; il faudrait mettre en place un programme de compensation pour les personnes plus pauvres. Mais ce serait une façon beaucoup plus productive de profiter de « notre électricité » que de subventionner la consommation d'énergie de tous et chacun. Il s'agirait aussi d'un puissant incitatif à l'économie d'énergie. En somme, nous aurions là une extraordinaire politique de développement durable.

Depuis la Baie James, les Québécois sont devenus frileux à l'égard des grands projets, projets qui mettraient à profit nos ressources financières, humaines et créatrices. Je ne parle pas ici de saine prudence; je parle du réflexe de refus qui se manifeste dès que quelqu'un ose mettre de l'avant un projet audacieux. J'en veux pour preuve la levée de boucliers provoquée par les projets du CHUM à Outremont et du nouveau casino à Montréal. Du simple fait qu'ils sont ambitieux, du fait aussi que des intérêts privés y étaient mêlés, ces projets ont été dénoncés de toutes parts. Sommes-nous destinés à ne construire que des centres communautaires?

Le monstre du privé

Pendant l'été 2005, les automobilistes entrant à Montréal par le pont Jacques-Cartier ont pu voir un immense panneau-réclame dénonçant le projet du gouvernement Charest de construire une nouvelle prison sur la Rive-Sud de Montréal. Le panneau était marqué de grosses lettres noires: PPP. Dans l'esprit des concepteurs de l'annonce, l'évocation d'un partenariat public-privé (PPP) devait gonfler la peur des citoyens de banlieue, déjà effrayés par la perspective de voir une prison construite près de leurs paisibles quartiers. Une campagne efficace a réussi à faire du concept de PPP, de la participation de l'entreprise privée à des projets publics, un véritable monstre. Or, les études faites sur la question montrent que, si les PPP ne sont pas une panacée, ils peuvent parfois permettre à l'État de fournir ses services de façon plus efficace et à moindre risque. Chaque projet devrait être étudié au mérite. Au Québec, cela n'a pas été possible: les PPP ont été littéralement bannis du modèle québécois.

Pourtant, l'entreprise privée joue dans notre économie et notre vie quotidienne un rôle crucial, que les Québécois acceptent sans mal. Les trois quarts de la richesse collective du Québec sont produits par le privé. Les trois quarts des emplois salariés se trouvent dans le secteur privé et, selon les travaux de l'Institut de la statistique du Québec, ces emplois sont souvent mieux rémunérés que ceux du secteur public. Les Québécois font totalement confiance à l'entreprise privée lorsque vient le temps d'obtenir rapidement des tests diagnostiques, d'acheter de la nourriture, une maison, une voiture, de faire fructifier leurs épargnes, de voyager... L'entreprise privée, ce sont les multinationales que nous aimons tant dénoncer, mais c'est aussi tel charmant restaurant du Plateau-Mont-Royal. J'aime demander à ceux qui n'ont de cesse de dénoncer l'entreprise privée : quand donc une personne d'affaires se transforme-t-elle en Mr Hyde ? Si votre ami restaurateur du Plateau ouvre un deuxième établissement, perd-il toutes ses qualités humaines pour devenir un exploiteur ? Ou faut-il trois restaurants avant que la transformation ne se produise ? Quand, au juste, Jean Coutu est-il devenu un affreux profiteur ? Est-ce la réussite que nous exécrons ?

L'entreprise privée doit bien sûr être réglementée, de sorte que le libre marché n'écrase pas tout sur son passage. Cela dit, à force de mettre les bâtons dans les roues des entrepreneurs, le Québec se privera d'une énergie sans laquelle il ne pourra conserver sa place en Amérique.

Contrer le choc ?

Les Québécois devront prendre toute une série de mesures pour amortir le choc démographique. Mais pouvons-nous nous attaquer au choc comme tel, renverser la tendance ? Certains s'en remettent aux solutions magiques. L'intellectuel souverainiste Michel Venne, un homme brillant, note la légère augmentation de la natalité survenue au milieu des années 1970, après que le gouvernement Lévesque a pris le pouvoir. Attribuant cette poussée au « souffle d'optimisme collectif » dû à la « simple perspective de la souveraineté », il espère que l'accession éventuelle du Québec à l'indépendance politique provoque une nouvelle hausse du nombre de naissances. On me permettra d'entretenir d'immenses doutes à ce sujet. D'autant plus que Michel Venne fait abstraction de l'exode des anglophones et de la diminution de l'immigration survenus à la même époque. Entre 1977 et 1984, le « souffle d'optimisme collectif » a produit une émigration nette de 100 000 personnes...

Dans ses « perspectives démographiques » pour les cinquante prochaines années, l'Institut de la statistique du Québec analyse notamment un « scénario fort » : forte fécondité, forte immigration. La fécondité remonterait au niveau des années 1970, 1,65 enfant par femme. « Arriver à ce seuil de 1,65 et, surtout, s'y maintenir pendant des décennies constituent, dans le contexte actuel, un important défi[28] », écrivent les experts de l'Institut de la statistique du Québec. Si nous y parvenions, le nombre de décès dépasserait tout de même le nombre de naissances d'ici dix ans. Pour que la population du Québec continue de croître, il faudrait une immigration intensive, de sorte que le solde annuel des entrées et des sorties du Québec atteigne 35 000 personnes, du jamais vu. Au cours des dernières années, le gouvernement du Québec a considérablement augmenté ses objectifs en matière d'immigration internationale. De 2002 à 2007, le nombre d'immigrants s'installant annuellement passera de 37 000 à 48 000. Mais compte tenu de la situation linguistique particulière du Québec et de notre capacité limitée d'intégrer les immigrants beaucoup plus attirés par l'*American dream* que par le modèle québécois, il est évident qu'on ne peut pas aller beaucoup plus loin dans cette direction.

Ceux qui croient qu'il est possible de relever le taux de fécondité ont mis de l'avant une politique familiale plus généreuse. De telles politiques sont sans doute importantes, mais rien ne dit qu'elles auront pour effet d'augmenter le nombre de naissances. L'Autriche est un des pays développés qui dépense le plus pour l'aide à la famille, mais son taux de fécondité est l'un des plus bas ; les États-Unis dépensent très peu pour la famille, mais la natalité est la plus élevée des pays riches[29]. La journaliste Katia Gagnon, de *La Presse*, a beaucoup fouillé cette question. « Le désir d'enfants d'une population tient à une foule de facteurs complexes et il n'y a pas de recette magique pour le faire augmenter. L'objectif premier d'une éventuelle politique familiale québécoise devrait donc être de faciliter la vie des familles, pas de faire augmenter le nombre d'enfants », a-t-elle fini par conclure. Après avoir analysé les nombreuses recherches faites sur le sujet, Laurent Roy, du ministère québécois de la Famille, a dressé le constat suivant :

> Le consensus le plus clair chez les chercheurs peut se résumer ainsi : même s'il est difficile d'évaluer jusqu'à quel point la politique familiale peut influencer les comportements en matière de reproduction, on ne doit rien négliger pour favoriser la décision d'avoir des enfants. La mise en œuvre d'une politique familiale n'est jamais inutile, car, dans tous les cas, elle contribue au mieux-être des enfants.

Jamais inutiles, les politiques familiales ont cependant le défaut d'être toujours coûteuses. Jusqu'où faut-il aller dans ce sens, si on n'a aucune indication que de telles mesures auront un impact sur la démographie, et donc sur la prospérité de notre société ? Le choix d'avoir ou non des enfants, et d'en avoir deux ou trois plutôt qu'un seul, relève d'abord de la vie privée des individus. Cette vie, on le sait, est beaucoup moins stable qu'autrefois, pour le meilleur dans bien des cas, mais pour le pire en ce qui a trait à la démographie. Dans un tel contexte, l'efficacité d'une politique de population à saveur nataliste restera forcément limitée. C'est pourquoi j'estime qu'il ne faut pas se faire d'illusions à cet égard et investir plutôt nos énergies à compenser, par un dynamisme hors du commun, les effets néfastes de la décroissance démographique.

La fin des mythes

Voilà le pays réel, avec ses avantages que nous tenons tellement pour acquis que nous n'en avons plus conscience, ses faiblesses et ses échecs qui nous ont tous marqués, et ses défis présents et futurs. Nous pouvons, comme Québécois, continuer de nous nourrir d'illusions et de mythes. Penser que notre histoire est une interminable crucifixion. Croire que « les autres » sont toujours responsables de nos maux. Poursuivre sans fin le rêve d'un fédéralisme taillé sur mesure pour nous seuls. Ou s'imaginer que, si le Québec largue le reste du Canada, nos problèmes se régleront comme par enchantement. Ou, si on croit au Canada, cultiver une image complaisante et idyllique de ce pays. Tous ces mythes dans lesquels nous, Québécois, nous enfermons nous empêchent d'agir avec la détermination et la prudence qui s'imposent, de mesurer et d'affronter efficacement les graves problèmes qui nous guettent. Des problèmes qui n'ont rien à voir avec le statut politique du Québec et qui pourraient faire peser sur cette société francophone d'Amérique l'une des plus graves menaces de son histoire.

Nous avons le choix. Nous pouvons continuer de rêver que, tel le village d'Astérix, le Québec parviendra à vaincre tous ses adversaires grâce à quelque sauveur ou potion magique. Ou bien nous pouvons sortir de notre torpeur, observer sans complaisance ce qui se passe réellement à l'intérieur de nos murs et au-delà, et nous décider enfin à réagir.

ÉPILOGUE

Le pays réaliste

« Tu te lances en politique ! » À ma grande surprise, deux des premiers lecteurs de ce livre, alors qu'il était à l'état de manuscrit, en sont venus à cette conclusion. Si d'aventure il arrivait que d'autres lecteurs voient dans ce texte une sorte de programme politique, je les rassure tout de suite, comme ces deux amis : non, je n'envisage pas de carrière politique. J'ai beau être depuis toujours passionné par les débats d'idées dont la politique est le lieu, je n'ai jamais eu l'intention de plonger moi-même dans ce monde cruel et destructeur. Si quelquefois l'idée m'a traversé l'esprit, une rencontre, un événement s'est vite chargé de me faire comprendre que je ne suis pas du tout fait pour ça. Que la politique me mangerait tout rond, que j'en sortirais blessé à jamais.

J'ai écrit ce livre parce que je pense que ce qui y est dit n'est pas suffisamment dit au Québec. Tant mieux si, parmi les personnes qui le liront, il s'en trouve quelques-unes dont la réflexion sera infléchie dans le sens de ce que je crois être le réalisme. Voilà toute mon ambition.

Cela dit, la conclusion de ces deux lecteurs m'a amené à m'interroger sur le réalisme des propositions que je fais au fil des pages. Des politiciens pourraient-ils vraiment convaincre les Québécois en leur servant un discours plus modéré, plus nuancé que les mythes dont on les abreuve de part et d'autre depuis des décennies ? J'aime le croire… mais je n'en suis pas du tout certain.

Le nationalisme – et cela est vrai autant du québécois que du canadien – peut être une force extraordinairement positive.

Mais il est aussi, souvent, un obstacle à la compréhension entre les peuples, une voie facile et populaire pour les déresponsabiliser («C'est la faute aux autres!»). Les nationalistes canadiens accusent les leaders souverainistes de tromper les Québécois, de les attirer vers une gigantesque cage à homards, comme s'ils n'avaient pas eux-mêmes une responsabilité considérable dans la domination du discours indépendantiste. Les nationalistes québécois – nous le sommes tous, à un degré ou à un autre – tendent à croire que les seuls obstacles sur la route du développement du Québec sont ceux placés là par les Canadiens anglophones. Les souverainistes, en particulier, ont fait évoluer leur discours au fil du progrès du Québec, de sorte qu'aujourd'hui ils ne parlent plus de décolonisation, mais de la création d'un véritable paradis. Lors d'une rencontre que j'ai eue avec André Boisclair pendant la course à la direction du PQ, je lui ai souligné que le Québec avait fait des progrès économiques fabuleux à l'intérieur de la Confédération, devenant un des territoires les plus prospères du monde. Ce à quoi Boisclair m'a répondu, du tac au tac comme toujours: «Nous ferons encore mieux quand nous serons souverains!» Rêvons en chœur! J'ai essayé de montrer ici que les choses ne sont pas aussi simples que ce que laissent croire nos mythes et nos fantasmes. Il me semble que si on l'expliquait mieux, avec davantage de ferveur et de constance, on pourrait en convaincre les Québécois. Mais il se peut aussi qu'un politicien qui oserait un tel discours serait vite rabroué par les communicateurs et organisateurs de son parti, ou rejeté sans ménagement par les électeurs. Les politiciens choisissent la voie du mythe parce que c'est la plus facile, la plus politiquement rentable.

Je souhaite néanmoins, comme je l'ai répété dans ce livre, que ceux qui partagent les idées qui y sont exprimées parlent davantage et plus fort. Ils le doivent au Québec. Laisser triompher nos mythes risque de nous entraîner dans un cul-de-sac, notamment dans un troisième référendum sur l'avenir politique du Québec dont nous sortirons inévitablement affaiblis. Les trois, quatre, cinq années qu'il faudra pour trancher la question, puis – selon le résultat du vote – les dix à vingt ans nécessaires pour remettre le Québec et le reste du Canada sur pied auront été gaspillés. Les vrais problèmes qui menacent notre peuple seront toujours là, aggravés. Occupés à chasser leurs monstres imaginaires, les Québécois auront été fauchés par les moulins. Et nous aurons perdu le pays réel.

NOTES

Notes du prologue

1. Lawrence Martin, *The Antagonist: Lucien Bouchard and the Politics of Delusion*, Toronto, Viking, 1997, p. 317. Traduction libre.
2. Édouard Cloutier, Jean H. Guay et Daniel Latouche, *Le virage. L'évolution de l'opinion publique au Québec depuis 1960*, Montréal, Québec Amérique, 1992, p. 95.
3. Pierre Godin, *René Lévesque*, t. II, *Héros malgré lui (1960-1976)*, Montréal, Boréal, 1994, p. 290.
4. Jacques Parizeau, *Pour un Québec souverain*, Montréal, VLB éditeur, 1997, p. 16.

Notes du chapitre premier

1. Guy Laforest, « The Historical and Legal Origins of Asymmetrical Federalism in Canada's Founding Debates: A Brief Interpretative Note », Carleton, Institute of Intergovernmental Relations (IIGR), Queen's University, 2005. Traduction libre.
2. Ministère de l'Éducation, des Loisirs et des Sports, « Statistiques sur l'aide financière aux études », rapport 2003-2004.
3. Voir à ce sujet le livre à paraître de Wayne Norman, *Negotiating Nationalism. Nation-Building, Federalism and Secession in the Multinational State*, Oxford University Press.
4. Gérald Beaudoin, *Le partage des pouvoirs*, 3e édition, Ottawa, Éditions de l'Université d'Ottawa, 1983.
5. *Ibid.*, p. 423.
6. Henri Brun et Guy Tremblay, *Droit constitutionnel*, 4e édition, Cowansville, Éditions Yvon Blais, 2002, p. 437.
7. José Woehrling, « La législation linguistique du Québec », in Conseil supérieur de la langue française, *Le français au Québec. Les nouveaux défis*, Montréal, Fides, 2005, p. 356.
8. Ronald Watts, « Autonomy or Dependence: Intergovernmental Financial Relations in Eleven Countries », document de travail, Carleton, Institute of Intergovernmental Relations (IIGR), Queen's University, janvier 2005.
9. Claude Morin, *Mes premiers ministres*, Montréal, Boréal, 1991, p. 168.

10. *Ibid.*, p. 419.
11. *Ibid.*, p. 421.
12. Stephen Clarkson et Christina McCall, *Trudeau. L'homme, l'utopie, l'histoire*, traduit par Claire Dupond, Michel Euvrard et Jacques Vaillancourt, Montréal, Boréal, 1990, p. 350.
13. Will Kymlicka, *La voie canadienne. Repenser le multiculturalisme*, traduit par Antoine Robitaille, Montréal, Boréal, 2003, p. 271.
14. Centre de recherche et d'information sur le Canada, *Portraits du Canada 2004*, Ottawa, janvier 2005.
15. *Le Devoir*, 27 juin 2005.
16. Pierre Vallières, *L'exécution de Pierre Laporte*, Montréal, Québec Amérique, 1977, p. 155.
17. Robin Philpot, *Le référendum volé*, Montréal, Les Intouchables, 2005, p. 199.
18. Robert Laplante, « Revoir le cadre stratégique », *L'Action nationale*, janvier 2004.
19. *Le Devoir*, 7 février 1995.
20. *Le Devoir*, 15 novembre 1995.
21. Mario Cardinal, *Point de rupture. Québec-Canada, le référendum de 1995*, Montréal, Société Radio-Canada et Bayard Canada, 2005, p. 344-345.
22. Directeur général des élections, « Bulletins rejetés – Marche pour l'unité – Rapport du Directeur général des élections, 1996 », et « Résultats du référendum du 30 octobre 1995 », < www.electionsquebec.qc.ca/fr/tableaux/Referendum_1995_8481.asp >.
23. Jean-François Lisée, *Sortie de secours. Comment échapper au déclin du Québec*, Montréal, Boréal, 2000, p. 296.
24. Mémoire déposé par le Conseil des relations interculturelles du Québec, *Mémoire présenté à la Commission de la culture, sur la planification des niveaux d'immigration 2005-2007*, janvier 2004, p. 10.
25. *La Presse*, 4 mai 1996.
26. Jean-François Lisée, *op. cit.*, p. 350.
27. *Ibid.*, p. 299.
28. Kenneth McRoberts, *Un pays à refaire. L'échec des politiques constitutionnelles canadiennes*, traduit par Christiane Teasdale, Montréal, Boréal, 1999, p. 11-12.
29. Will Kymlicka, *op. cit.*, p. 268.
30. Arthur I. Silver, *The French-Canadian Idea of Confederation 1864-1900*, 2e édition, Toronto, University of Toronto Press, 1997, p. xi. Traduction libre.
31. Voir à ce sujet le texte signé par le sénateur Serge Joyal, « Montréal déclassé », *La Presse*, 20 août 2005.

32. Claude Ryan, *Regards sur le fédéralisme canadien*, Montréal, Boréal, 1995, p. 165.
33. *La Presse*, 9 septembre 2000.
34. Centre de recherche et d'information sur le Canada, *op. cit.*
35. < www.westernstandard.ca >.

Notes du chapitre II

1. *Rapport de la Commission sur l'avenir politique et constitutionnel du Québec*, mars 1991.
2. Andrée Ferretti et Gaston Miron, *Les grands textes indépendantistes*, t. I, Montréal, Typo, p. 476.
3. Rapport du chantier Parti, Parti Québécois, *Pour un Parti refondé*, août 2004, p. 15.
4. « Finances d'un Québec souverain », mai 2005.
5. Pierre Fortin, « Les conséquences économiques de la souveraineté du Québec : analyse exploratoire », mémoire déposé à la Commission d'étude des questions afférentes à l'accession du Québec à la souveraineté, 10 décembre 1991.
6. Institut de la statistique du Québec, *Rémunération des salariés – État et évolution comparés*, 2004, p. 16.
7. « Finances d'un Québec souverain », *op. cit.*, p. 32.
8. *Le Devoir*, 18 mars 2005.
9. Conseil des relations interculturelles du Québec, *Mémoire présenté à la Commission de la culture, sur la planification des niveaux d'immigration 2005-2007*, janvier 2004.
10. Office québécois de la langue française, *Les caractéristiques linguistiques de la population du Québec : profil et tendances, 1991-2001*, mai 2005.
11. *Le Devoir*, 25 mai 2005.
12. Charles Castonguay, *Les indicateurs généraux de vitalité des langues au Québec : comparabilité et tendances, 1971-2001*, Office québécois de la langue française, mai 2005.
13. Cité par la Commission des États généraux sur la situation et l'avenir de la langue française au Québec, *Le français, une langue pour tout le monde*, 2001, p. 124.
14. Jacques Parizeau, *Pour un Québec souverain*, Montréal, VLB éditeur, 1997, p. 260.
15. René Lévesque, *Attendez que je me rappelle*, Montréal, Québec Amérique, 1986, p. 389.
16. José Woehrling, « La législation linguistique du Québec », in Conseil supérieur de la langue française, *Le français au Québec. Les nouveaux défis*, Montréal, Fides, 2005, p. 356.

17. *La Presse*, 13 décembre 2002.
18. Gilles Duceppe, *Question d'identité*, Montréal, Lanctôt éditeur, 2000, p. 209.
19. Débats de la Chambre des communes, 25 janvier 1994.
20. *La Presse*, 14 octobre 2005.
21. Ce passage reprend en partie un éditorial que j'ai publié dans *La Presse*, le 19 septembre 2005.
22. Pierre Trudeau, *Le fédéralisme et la société canadienne-française*, Montréal, Hurtubise HMH, 1967, p. 40.
23. *Le Devoir*, 28 août 2003.
24. *La Presse*, 29 août 2003.
25. André Lecours et Axel Huelsemeyer, « The European Union and Sovereignist Politics in Québec : Who Forgot their Glasses ? », notes en vue d'une présentation au congrès de l'Association canadienne de science politique, 2004.
26. Ce passage reprend l'essentiel d'un éditorial que j'ai signé le 4 juin 2005.
27. *La Presse*, 25 mai 2005.
28. Philip Resnick, *The European Roots of Canadian Identity*, Peterborough, Broadview Press, 2005, p. 42. Traduction libre.
29. *La Presse*, 29 mai 2005.
30. Tableau statistique canadien, Secrétariat aux affaires intergouvernementales canadiennes, < www.saic.gouv.qc.ca/publications/tsc.htm >.
31. Michael Kraus et Allison Stranger, « Lessons from the Breakup of Czechoslovakia », in *Irreconcilable Differences. Explaining Czechoslovakia's Dissolution*, Lanham (MD), Rowman & Littlefield, 2000, p. 300.
32. Publications diverses de la Banque mondiale, du Fonds monétaire international et de l'OCDE.
33. *La Presse*, 9 juin 2005.

Notes du chapitre III

1. Stéphane Dion, *Le pari de la franchise. Discours et écrits sur l'unité canadienne*, Montréal, McGill-Queens University Press, 1999.
2. Pierre S. Pettigrew, *Pour une politique de la confiance*, Montréal, Boréal, 1999, p. 99-100.
3. *Ibid.*, p. 103.
4. André Laurendeau, *Journal tenu pendant la Commission royale d'enquête sur le bilinguisme et le biculturalisme*, Outremont et Sillery, VLB éditeur et Éditions du Septentrion, 1990, p. 174.
5. André Pratte, *L'énigme Charest*, Montréal, Boréal, 1998, p. 138.
6. Pierre S. Pettigrew, *op. cit.*, p. 191.
7. Claude Ryan, *Regards sur le fédéralisme canadien*, Montréal, Boréal, 1995, p. 212.

8. Michael Foley, *The Silence of Constitutions. Gaps, "Abeyances" and Political Temperament in the Maintenance of Government*, Londres et New York, Routledge, 1989.
9. Claude Ryan, *op. cit.*, p. 223-224.
10. *La Presse*, 16 avril 2005.
11. Robert Bernier, *Un siècle de propagande? Information, communication et marketing gouvernemental*, Sainte-Foy, Presses de l'Université du Québec, 2001.
12. *Ibid.*, p. 104.
13. *La Presse*, 30 mai 2005.
14. Jocelyn Létourneau, *Passer à l'avenir. Histoire, mémoire, identité dans le Québec d'aujourd'hui*, Montréal, Boréal, 2000, p. 123-124.
15. Robert Bothwell, *Canada and Quebec. One Country, Two Histories*, Vancouver, University of British Columbia Press, 1995, p. 7. Traduction libre.
16. Alexis de Tocqueville, *Regards sur le Bas-Canada*, Montréal, Typo, 2003, p. 269.
17. Marcel Trudel, *Mythes et réalités dans l'histoire du Québec*, Montréal, Hurtubise HMH, 2001, p. 232-233.
18. Cité dans Alexis de Tocqueville, *op. cit.*, p. 169.
19. Stéphane Kelly, *La petite loterie. Comment la Couronne a obtenu la collaboration du Canada français après 1837*, Montréal, Boréal, 1997, p. 24.
20. Cité dans Gérard Filteau, *Histoire des patriotes*, Montréal, Éditions de l'A.C.-F., 1938, p. 584.
21. Lire à ce sujet l'ouvrage fascinant de Paul Romney, *Getting It Wrong. How Canadians Forgot Their Past and Imperilled Confederation*, Toronto, University of Toronto Press, 1999.
22. Christopher Moore, *1867. How the Fathers Made a Deal*, Toronto, McClelland & Stewart, 1997, p. 146. Traduction libre. Voir aussi Jean-Paul Bernard, *Les Rouges. Libéralisme, nationalisme et anticléricalisme au milieu du XIXe siècle*, Montréal, Presses de l'Université du Québec, 1971, p. 250.
23. Paul Romney, *op. cit.*, p. 291. Traduction libre.
24. Jocelyn Létourneau, *op. cit.*, p. 90.

Notes du chapitre IV

1. *Le Journal de Montréal*, 26 septembre 2005.
2. Rapport mondial sur le développement humain 2004, « La liberté culturelle dans un monde diversifié », Programme des Nations unies pour le développement.

3. Alexis de Tocqueville, *Œuvres complètes*, t. I, *De la démocratie en Amérique*, vol. 1, Paris, Gallimard, 1986, p. 249.
4. Ann L. Griffiths (dir.), *Guide des pays fédéraux*, publié pour le Forum des fédérations, Montréal, McGill-Queen's University Press, 2005, p. 8.
5. *Ibid.*, p. 7.
6. Jennifer Smith, *Federalism*, Vancouver, University of British Columbia Press, 2005, p. 27-28. Traduction libre.
7. *Étude sur la restructuration administrative d'un Québec souverain*, Sainte-Foy, Publications du Québec, 1995, p. 15-16.
8. Alexis de Tocqueville, *op. cit.*, p. 253.
9. Rapport mondial sur le développement humain 2004, *op. cit.*, p. 8.
10. *Ibid.*, p. 3.
11. *La Presse*, 16 avril 2005.
12. Cité dans Will Kymlicka, *La voie canadienne. Repenser le multiculturalisme*, traduit par Antoine Robitaille, Montréal, Boréal, 2003, p. 283-284.
13. Alexis de Tocqueville, *op. cit.*, p. 257.
14. Will Kymlicka, *op. cit.*, p. 263.
15. Pierre Trudeau, *Le fédéralisme et la société canadienne-française*, Montréal, Hurtubise HMH, 1967, p. XI.
16. Will Kymlicka, *op. cit.*, p. 283.
17. Benoît Pelletier, «L'asymétrie dans les États fédéraux : le cas du Canada», allocution prononcée à la IIIe Conférence internationale sur le fédéralisme, Bruxelles, 3 mars 2005.
18. Jocelyn Létourneau, *Passer à l'avenir. Histoire, mémoire, identité dans le Québec d'aujourd'hui*, Montréal, Boréal, 2000, p. 163.
19. *Le Point*, 29 septembre 2005.
20. Jacques Henripin, *Pour une politique de population*, Montréal, Éditions Varia, 2004, p. 62.
21. Ministère des Finances du Québec, *Impact des changements démographiques sur l'économie, le marché du travail et les finances publiques du Québec*, février 2005.
22. Allocution prononcée à l'occasion de la conférence *La Presse*-Radio-Canada «Des enfants pour le Québec», Montréal, 3 décembre 2003. Reproduite dans *La Presse*, 4 décembre 2003.
23. Tableau statistique canadien, <www.saic.gouv.qc.ca/publications/tsc.htm>.
24. Nicolas Baverez, *La France qui tombe*, Paris, Perrin, 2003, p. 87.
25. Comité stratégique *La Presse* sur le développement économique du Québec, *Un Québec au travail!*, 2004, p. 18.
26. Christine Fréchette, «Pour un changement de chapitre linguistique», in Conseil supérieur de la langue française, *Le français au Québec. Les nouveaux défis*, Montréal, Fides, 2005, p. 78.

27. Voir Ministère de l'Éducation, des Loisirs et des Sports du Québec, *Indicateurs de l'éducation*, édition 2005, < www.mels.gouv.qc.ca/stat/indic05/docum05/F5_9_2005.pdf > et OCDE, *Regards sur l'éducation 2005*, < www.oecd.org >.
28. Institut de la statistique du Québec, *Si la tendance se maintient. Perspectives démographiques 2001-2051*, novembre 2004, p. 9.
29. Présentation de Richard Jackson à l'occasion de la conférence *La Presse* – Radio-Canada « Des enfants pour le Québec », Montréal, 3 décembre 2003.

Table

PROLOGUE
Mon voyage en train   7

CHAPITRE PREMIER
Le pays martyr 15

CHAPITRE II
Le pays des merveilles 47

CHAPITRE III
Le meilleur pays au monde 81

CHAPITRE IV
Le pays réel 109

ÉPILOGUE
Le pays réaliste 143

Notes 147

CET OUVRAGE
COMPOSÉ EN GOUDY 12 POINTS SUR 14
A ÉTÉ ACHEVÉ D'IMPRIMER
EN FÉVRIER DEUX MILLE SIX
SUR LES PRESSES DE TRANSCONTINENTAL
POUR LE COMPTE DE
VLB ÉDITEUR.

IMPRIMÉ AU QUÉBEC (CANADA)